Découvrez l'histoire par les archives de presse

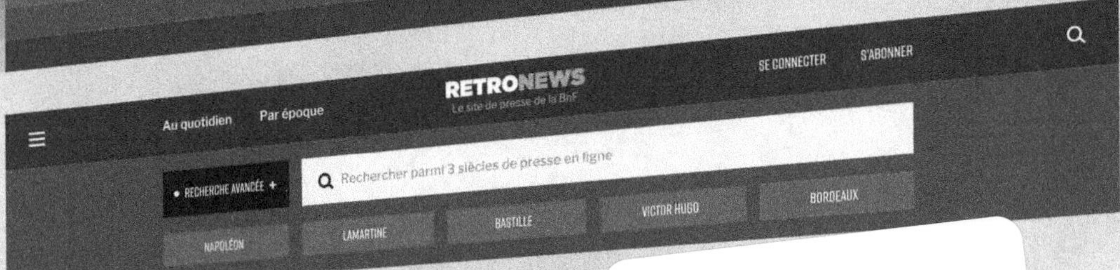

RETRONEWS

Le site de presse de la BnF

www.retronews.fr

BULLETIN

DE

NUMISMATIQUE

PUBLIÉ PAR

Mᵐᵉ **RAYMOND SERRURE**

—

DIXIÈME VOLUME
1903

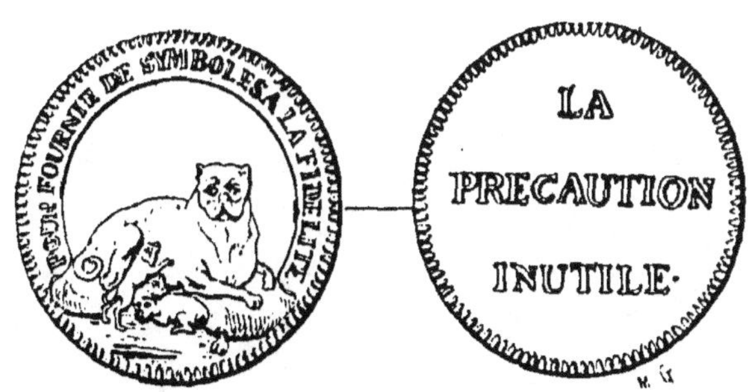

19, RUE DES PETITS-CHAMPS, 19

PARIS

BULLETIN

DE

NUMISMATIQUE

COLLABORATEURS DU *BULLETIN*

MM. P. R. DE BEAUCHAMP, à Bordeaux.

ÉMILE CARON, à Paris.

Le comte DE CASTELLANE, à Paris.

Le Dr FARGE, membre correspondant de l'Académie de Médecine, à Paris.

Le Dr FLORANCE, à Cassis.

H. GILLARD, à Loubillé.

N. GOFFART, professeur à l'École Monge, à Paris.

ÉMILE LALANNE, à Bordeaux.

MAXIME LEGRAND, avocat, à Étampes.

V. LUNEAU, Pharmacien de 1re classe, à Pont-Saint-Esprit.

M. DE MARCHÉVILLE, à Paris.

FERNAND MAZEROLLE, archiviste à l'Administration des Monnaies, à Paris.

FRANCIS PÉROT, membre de la Société d'émulation de l'Allier, à Moulins.

JOSEPH PUIG, à Perpignan.

MAURICE RAIMBAULT, à Marseille.

RAYMOND RICHEBÉ, à Paris.

ARTHUR SAMBON, à Paris.

HENRI SARRIAU, à Paris.

E.-H. TOURLET, pharmacien, à Chinon.

ROGER VALLENTIN DU CHEYLARD, à Saint-Péray.

E. ZAY, à Paris.

MACON, PROTAT FRÈRES, IMPRIMEURS

BULLETIN

DE

NUMISMATIQUE

PUBLIÉ PAR

Mme RAYMOND SERRURE

DIXIÈME VOLUME
1903

19, RUE DES PETITS-CHAMPS, 19

PARIS

SUR UN JETON SATIRIQUE ?

Ce jeton, en argent, que je crois très rare, se trouvait dans un lot
de médailles, acquis lors du décès de M. Melville-Gloves, de Lyon,
auteur de recherches archéologiques estimées.

D : 0,034. Au droit, dans la moitié inférieure, est une lice, de
race dogue, couchée avec ses petits sur un coussin carré, regardant en
face.

Légende : POUR FOURNIR DES SYMBOLES À LA FIDELITE.

Au revers, dans l'étendue du champ : LA PRECAUTION INUTILE.

Il ne porte aucune signature, ni point secret. Le style des devises
est celui du XVIIIe siècle.

Il ne convient pas d'insister sur la signification de la première de
ces légendes. Le chien, cet ami de l'homme, a passé, de tout temps,
pour être l'emblème de la fidélité. Le fait que l'artiste a figuré la
femelle de cet animal n'infirme en rien l'opinion que l'on a de la race
canine, quoique, à vrai dire, l'amour des petits soit commun à toutes
les espèces.

Il est plus difficile de donner une explication du revers. Pogge,
Boccace, Scarron, Molière qui, dans *l'École des Femmes*, a pris beaucoup au dernier, Beaumarchais enfin, nous égayent, aux dépens des
jaloux et des maris barbons, par le récit des précautions inutiles. C'est
par les deux mots de *précaution inutile* que Figaro annonce au public
que la pièce est terminée, et qu'il peut se retirer.

Existe-t-il dans l'association de ces mots une intention satirique, d'ordre général, en opposition voulue avec la légende du droit ? A quelle occasion ce jeton a-t-il été frappé ? En connaît-on d'autres exemplaires ? Mon but, en le signalant, a été d'attirer l'attention sur lui, et de provoquer des réponses à cette triple interrogation.

Dʳ E. REVEIL.

DU COURS DE LA MONNAIE

DANS LA RÉGION DU BARROIS

[Notes inédites de feu L. MAXE-WERLY (*suite*)]

LE BLANC

Le 13 octobre 1390, Robert prescrit au prévôt de Foug de recevoir 30 blancs pour une livre et 5 blancs pour deux gros dont 12 valaient 1 franc (v. S. Ann., II, 168).

Selon M. Dumont (*Hʳᵉ de St-M.*), le blanc était le quart du gros et valait 4 deniers; il fallait 48 blancs pour un franc.

Le 7 juin 1456, le roi de France autorisa le cours des blancs de Bar et de Lorraine au change de 7 deniers tournois (Leblanc, p. 303).

En 1378 et 1379 les blancs avaient cours en Lorraine pour 7 d. A cette époque 6 blancs valaient 2 s. 6 d. ou 1 gros et demi.

LA COURONNE

Un compte de la prévôté de Châtillon (1346-1349) fournit la mention suivante : « une couronne pour 2 deniers tournois. » (B. 2523 (Jacob, 24 novembre 1874).

« Une *Couronne*¹ pour 2 deniers tournois, un *Aiguillon* pour un parisis (Comptes de la prévôté de Châtillon, 1346-1349. — B. 2523)
« iij lb iiij sˢ ij dˢ Escheus amons par attraiere de Jean Châtel......

---

1. 36 l. 2 s. 2 d. monnoie coursable, une couronne pour 2 deniers et 1 aiguillon pour 1 parisis pour la somme ci-contre de 28 l. 17 s. 9 d. estimés 25 s. pour un écu (Orriot de la Mothe, prévôt de Châtillon, 1348).

Cest a scavoir en gros *Cabochins* x gros. En gros de Metz ij gros. xij gros et demi en gros de mons et ij gros en *Niquez* et en autre monnaie avec ung franc de *doudrat*? de xij gros et j escu de tournay prisie xiiij gros.... (Recette générale du duché de Bar, 1429. — B. 442, f° 87. — Jacob, 6 septembre et 5 otobre 74).

« Au dit receveur général la somme de ij°. xxij. frans a lui envoyez au lieu de Saint Mihiel des deniers de la layde levee en ladicte prevoste de la Chauleie en mois de novembre m. cccc. xxxiij et delivrez en son absence es mains dudit prevost de Saint Mihiel son frère. Cest assavoir en demiz gros vj^xx. xij francs; en *Behardons*, lx frans; en vj florins du Rin. viij frans; en xxij *Clinquars*. xxj frans, j gros. et le demourant qui monte a xj gros en monnoie coursable. Pour ce apparent par le témoignage dudit prévost de Saint Mihiel fait le xix° jour de decembre (1433). » (Arch. de la Meuse. B. 1637, f° 215 — Jacob, 5 août 1875 et 20 septembre.)

LE DENIER

Le denier était le quart d'un gros; il valait deux oboles.

Un compte de la prévôté de Chatillon (1346-1349) fournit la mention suivante : « une couronne pour 2 deniers tournois. » B. 2523 (Jacob, 24 novembre 74).

Le denier valait 4 pites en 1600. C'est la valeur que lui donne Lavocat, dans son tableau de réduction imprimé chez Laguerre en...

Ce renseignement se trouve confirmé dans un registre des archives de la préfecture et qui paraît avoir été établi à l'usage de la Chambre des Comptes vers l'année 1601-1602.

13.. — Dans un compte du prévôt de Gondrecourt on voit qu'on opéra une saisie de fausse monnoie de Bar s'élevant à 19.000 en deniers noirs.

Il y a eu des deniers tournois, provinois, Viennois, Bordelais, Barrois, etc., qui ont changé de valeur suivant les temps et les lieux où ils étaient fabriqués.

1345. — Guy dit Cadez de Lille en Rigault cède à l'abbé et au couvent de Jendeures la somme de deixeut deniers (18 deniers) petits tournois vieux de rente pour la somme de 15 sols de petits tournois vieux.

L'ÉCU

En 1356, l'escu pour xxiv^s. (De Saulcy, 38).

  — l'escu pour xxxij^s.   —

  — au mestre de Liney qui vint pandre ledit vallet ; ij escus valeur et demei, valent l^s (dont l'écu aurait eu alors la valeur de xx^s) (De Saulcy, 38).

  — l'escu pour xl^d.   —   39.

  — un escu ci.. xx^s.   —   —

  — xlix escus valent xlx^l.   —   —

  — iij escus   »   lx^s.   —   —

  — j escu pour xx^s.   —   —

En 1411. — Dans le traité pour la garde de la cité de Verdun par Édouard III, duc de Bar, il est dit que les habitants de Verdun devront payer « a ladite chevetaine deux viez escus de Phelippe et à chacun Haubergeon ou cotte de fer, demy viez escu ou six viez gros pour chacun jour qu'ils seront résidents par le temps de la dite guerre en la dite cité ». Dlc. iii. pr. clxxiv.

Au XIVe siècle les écus d'or des rois de France étaient de la valeur de 14 gros. Ils valaient 2 gros de plus que les florins du même temps. Des titres de 1411 et 1415 rappellent des paiements faits dans le Bar-rois en écus d'or (Note Servais).

1333. — D'après le compte de Jehan de Lospitaul, gruyer de Bar, l'écu d'or du roi Jehan valait alors une livre tournois ; 92 l. tournois valaient 92 écus d'or du roi Jehan. Le gruyer paya d'après son compte de 1354 « 20 l. tournois en 20 Escus délivrés ai freires Cordeliers de Verdun dont on estou tenus à eulx par le testament de Mons Henri conte de Bar dont Deus ait lame, si comme il appert par les lettres de Mons. le Markis dou Pont et conte de Bar faite l'an 1354, le second jour dou moix de julet ».

En 1359 — d'après le compte de Jehan de Longeville l'écu de Joh^{es} valait 12 s. tournois pièce.

En 1405 — l'écu Joh^{es} valait 20 fr. (cp^{te} de Wyardin Bourrai, gruyer).

En 1355 — 48 écus de Philippe valent a escus de Jehan 53 l. et 3 gros tournois viel (Jehan de Lopitaul).

En 1353 — l'écu de Philippe valait 15 fr. tournois vieux d'après le cpte de Jehan de Triaucourt, prévôt de La Chaussée.

En 1356 — l'écu de Philippe valait 21 fr. d'après le compte de Dannoy, prévôt de La Chaussée.

En 1429, terme de Noël, paye d'après le cpte au Rec. gén. du duché de Bar : Écu Johannes aux Religieuses, Abbesse et couvent de St-Hoult 66 l. en 88 écus Johannes, pièce pour 9 gros qu'elles pressaient chaque année sur le tonneu et vente de Bar.

L'ESTERLIN

Cette monnaie avait cours dans le Barrois, la Lorraine et les pays voisins : « item lxij l. t. xviij ds receus dou Jehie de Sainte Menehout pour vaisselint dargent que on vendit à la monoie de Bar pour xix mars d'arget, v onces et v estellins. » (Compte de Jennet Petit-prestre de 1321. — B. 492, fo 40).

« Item je donne à tous les pauvres pain querans qui seront présent au jour de mon obit, le pain de quatre meuds de froment et a cha-cun un *esterlin* jusques à la somme de quarante florins. »

Testament de Henry de Bar, seigneur de Pierrefort — 1368 — (D. Calmet, 1re édon, t. 2, preuves, p. 648). 1356. — Un estellin vaut 5 d. (Compte de Jean de Flirey).

Dans le règlement de la dette de Raoul de Torote, évêque de Verdun, envers Juvenal Maneti, marchand romain qu'il avait rencontré aux foires de Champagne, le compte fut arrêté a 1720 marcs esterlins valant chacun treize sous 4 deniers de cette monnaie esterlin, ou 50 sous en celle de Provins de même valeur que les tournois de France : *Promisi-mus solvere, de singulis nundinis in nundinas, anno revoluto, Barri, apud Barrum, tribus diebus antequam clamatur Haré ! Haré ! 344 marcas prae-dictorum sterlingorum computabilium, ad voluntatem dicte Juvenals, vel Provinienses vel sterlingos, 13 solidis et quatuor dènariis sterlingis, vel 50 solidis et sex denariis proviniensibus promarcie...* (Avril 1229. — Clouet, *H. de Verdun*, II, p. 394).

Ainsi aux foires de Champagne couraient toutes sortes de monnaie.

L'esterlin valait un peu plus de quatre fois la valeur du provinois.

Les *Eschellins* sont au nombre des pièces que l'évêque de Toul, Thomas de Bourlemont, permit en 1345 à son monnayeur de contre-faire.

ESTEVINS

Au mois de mai 1263, le comte Thibaut de Bar affranchit sa ville de Châtillon-sur-Saône à la condition que chaque habitant lui payerait par an huit sols d'*Estevins*, moitié à Pâques, moitié à la Saint-Remy. (Inv. de Lorr., t. IV, layette cotée Châtillon, f° 419-421).

1253 (?). Le comte de Bar fut condamné à payer 35 livres d'Este-venans chaque année a l'abbé de St-Bénigne de Dijon et au couvent de Reynel (D. C., II, p. 403).

La monnaie estevenoise avait cours en Bassigny dit Brussel (Usage général des fiefs, t. I, p. 33).

— Lettres de Gilles, évêque de Toul, portant que noble Thiébault, comte de Bar, a reconnu devant lui avoir assigné à l'abbé et au couvent de St-Bénigne de Dijon, pour causes du prieuré de St-Belin-les-Rignels, sur les 17 *heuttes* de Bourmont et de St-Thiébault, 35 l. d'estevenins payables au prieur de St-Blin chacun an moitié à la 15ᵉ de Pasques et l'autre à la 15ᵉ de St-Remy par le sénéchal de Bourmont a peine de 10 sols d'amande par semaine, en échange de ce que ledit abbé et couvent ont cédé audit comte ce qu'ils avaient a Offer-court et Solocourt. (Septembre 1255. Inv. de Lorr., t. 7, layette Lamothe et Bourmont, 3).

Avril 1320. — Don d'une rente de 20 l. de terre sur une carte que Édouard, comte de Bar, possédait « en puis de la grant Saunerie de Salins » avec faculté de racheter cette rente pour la somme de 200 l. de petits tournois ou de *Estevinons* (*Arch. de la Meuse, Annales du Barrois*, 1402-1405). — A Conflans-en-Bassigny le franc d'or vaut 18 sous *estevinans* et la livre, 20 sous, même monnaie.

LA LIVRE

Dans le compte d'Aubriet, gruyer des bois du domaine de Mᵐᵉ la contesse de Bar, 1355-1358 — B. 67, il est parlé d'une recette faite dans la prévôté de Vienne : « v livres en v escus de Jehan delivrez a madame la contesse de Bar : xi livres 11 sous en xi escus de Johes 11 sous délivrez à Jehan Cheminot. »

En 1377 — vj^{xx} franz valent vj^{xx} livres (Jacob, 20 mars 74).

En 1351 — 75 sous toulois en 7 livres 10 sous monoie de St-Mihiel paiez ad dis chenoines à la St Remei lan de lj (Jacob, 10 janvier 74). D'où il s'ensuit que la livre barroise valait 20 sous barrois.

—   —   —   valait un écu de France.

En 1601, la livre barroise valait 13 sols 4 deniers de Mouzon.

En 1314,   —   — une livre de bons petits tournois.

En 1325,   un bœuf valait 60 d. tournois ou 3 l. barroises.

—   un chastron ou mouton valait 7 sols

—   six ouvriers charpentiers et scieurs de bois employés pendant un mois à des ouvrages de leur métier avaient droit ensemble pour leur salaire à 8 l. 11 s. 6 d.

En 1420, Colet Ricart, rec. gén. du Barrois, délivra au cardinal duc Louis et à son neveu le comte de Guise alors résidant à Bar, 10 l. en 4 petits moutons d'or, pièce pour 30 gros du roi, pour offrir à la messe de Mr Jean de Wroil.

(A suivre.)

REVUE DES REVUES

Revue numismatique, dirigée par M.M. A. de Barthélemy, G. Schlumberger, E. Babelon. Secrétaire de la Rédaction : M. A. Dieudonné.

— 4e série. Tome 6e, 4e trimestre 1902.

Rouvier (J.). *Les rois phéniciens de Sidon d'après leurs monnaies, sous la dynastie des Achéménides* (fin).

Foville (J. de). *Monnaies trouvées en Crète.*

Mowat (R.). *Supplément au catalogue descriptif des monnaies et essais de répétition.*

— *Note supplémentaire sur les monnaies abrasées.*

Chronique. — Nécrologie. — Bulletin bibliographique. — Périodiques. — Procès-verbaux de la Société française de numismatique.

Bulletin international de Numismatique, dirigé par M. Adrien Blanchet.

— Tome Ier, n° 4.

Mowat (R.). *Les monnaies contremarquées de la collection H. Meyer.*

Trouvailles. — Sociétés. — Musées. — Nouvelles. — Bibliographie.

Berliner Münzblätter, begründet von Adolph Weyl. NEUE FOLGE, herausgegeben von Emil Bahrfeldt.

— Nº 11. Novembre 1902.

Der fund von Pöpling Halbbracteaten des XII Jahrhunderts, von L. v. Bürkel.
Münzen und medaillen der Stadt Rostock, von Ed. Grimm.
Neue Zutheilungen schlesischer Denare, von F. Friedensburg.
Numismatische Gesellschaft zu Berlin.

— Nº 12. Décembre 1902.

Neue Zutheilungen schlesischer Denare, von F. Friedensburg.
Münzen der Stadt Lübeck, von H. Behrens.
Goldmünzen der sammlung Rainer, E. B.
Numismatische Gesellschaft zu Berlin.

— Nºˢ 13-14. Janvier-Février 1903.

Hans Reimer II, von Georg Habich.
Die ostpreussischen münzprägungen der Kaiserin Elisabeth von Russland, 1759-1762, von Emil Bahrfeldt.
Ein neujahrsgoldgulden der Stadt Würzburg, von G. H. Lockner.
Der Hacksilberfund von Alexanderhof, von Emil Bahrfeldt.
Münzen und medaillen der Stadt Rostock, von Ed. Grimm.
Goldgulden Wilhelms von Furstemberg, deutschordensmeisters in Livland.
Zum an einen bayerischen numismatiker, von J. V. Kull.
Noch einmal die Finis-Germaniae-medaille, von E. Barhfeldt.
Numismatische Gesellschaft zu Berlin.

Numismatischer Anzeiger, von F. Tewes in Hannover.

— Nº 6. Juin 1902.

Entwürfe zu hannoverschen medaillen, von Dʳ J. Kretzschmar.

— Nº 7. Juillet 1902.

Entwürfe zu hannoverschen medaillen, von Dʳ J. Kretzschmar.

— Nº 8. Août 1902.

Entwürfe zu hannoverschen medaillen, von Dʳ J. Kretzschmar.

Frankfurter Münzzeitung, von Paul Joseph.

— Nº 25. Janvier 1903.

Die Münzen der Herrschaft Almelo, von P. J.
Zur Münzkunde von Pfalz-Simmern, von P. J.
Eine Denkmünze auf den Naturforscher G. E. Rumphius, von H. Heusohn.
Eine unbekannte medaille auf die Wahl des Würzburger Bishofs Anselm Franz von Ingelheim vom Jahr 1746, von G. H. Lockner.

— Nº 26. Février 1903.

Rheinisch-westfälische Seltenheiten aus dem Aachener Funde, von P. J.
Zur münzkunde von Pfalz-Simmern, von P. J.
Drei seltene münzen der Herrschaft Berg, von P. J.
Der letzte Thaler von Zug, von P. J.
Ein Denkmünze auf den Naturforscher G. E. Rumphius, von H. Heusohn.

Monatsblatt der Numismatischen Gesellschaft in Wien.

— N° 233. Décembre 1902.

Orientalische Münzen in Nord-und Osteuropa.
Ordentliche Versammlung der Wiener numismatischen Gesellschaft am 19 november 1902.
Aus der Vorstandssitzung vom 3 dezember 1902.

— N° 234. Janvier 1903.

Nach zwanzig Jahren.
Magistratsnamen auf den Münzen von Scodra.
Berichtigung des Kalenders : Zur Pariser Weltausstellung 1900.
Ordentliche Versammlung der Numismatischen Gesellschaft am 17 dezember 1902.
Aus der Vorstandssitzung vom 7 Jänner 1903.

Blätter für Münzfreunde, von Dr H. Buchenau.

— N° 12. 1902.

Ein spämittelalterliches Salzburger Münzgewicht.
Ein vermutlich brandenburgischer (oder Anhalter) brakteat aus der Zeit um 1150.
Eine medaille des B. Theodor von Paderborn.
Eine goldene Bildnismünze des letzten Erzbishofs von Bremen.
Zwitter-Goldgulden der Stadt Magdeburg.
Der Dukaten der Stadt Herford von 1641.
Oldenburger Nachahmung eines Elbinger Schillings.
Eine Schaumünze des Grafen Anton I von Oldenburg.
Einige Nachträge und Berichtigungen zur Lœwenstein-Wertheim'schen Münzkunde, von
Dr F. Wibel.

— N° 1. 1903.

Neue Burenmedaille (Krüger).
Ein Weimar'scher Hohlpfennig der Grafen von Orlamünde.
Studien zu den deutschen Münznamen, von E. Schröder.
Die Jubelmedaille der Mansfelder Gewerktschaft.
Stolbergische Ausprägungen zu Erfürt, von E. Fischer.
Einige Nachträge und Berichtigungen zur Loewenstein-Wertheim'schen Münzkunde, von
Dr F. Wibel.

O Archeologo português, publicada pelo Museu ethnologico português.

— N°s 10-11. Octobre-Novembre 1902.

Archeologia Lusitano-Romana, J. L. de V.
Mœdas portuguesas de ouro carimbadas ou crajevadas nas Indias Occidentaes e no Continente Americano, J. Meili.
Um inventario do seculo XIV, P. de Azevedo.
Vasilha antiga, Ol. Guimarães.
Extractos archeologicos das « Memorias parochiaes de 1758 », P. de Azevedo.
Machados de pedra, abb. J. A. Tavares.
Estações prehistoricas dos arredores de Setubal, A. J. Marques da Costa.
Noticias varias, J. L. de V.

Numismatic Circular, Spink & Son's monthly.

— Novembre 1902 [1].

A german sixteenth century bone-stone medallion wrongly identified, and attributed to Flötner, L. F.

Sketches of European continental History and Heraldry for the use of Numismatists, Fr. C. Higgins.

Biographical notices of medallists, coin, gem and seal-engravers, ancient and modern, with references to their works. B. C. 500-A. D. 1900 (Gordon — Goulaz), L. F.

William I & II, their mints and moneyers, P. Carlyon-Britton.

Varia. — Numismatic books, magazines, catalogues, etc.

— Décembre 1902.

An unpublished medallion in gold of Licinius, father and Son, struck at Nicomedia, between a. d. 317 and 323, L. F.

The witness of the Roman coins to the history of Rome, etc., Rev. A. W. Hands.

Inedited anonymous Venitian coins, Philip Whittway.

Biographical notices of medallists, coin, gem and seal-engravers, ancient and modern, with references to their works. B. C. 500- A. D. 1900 (Goulaz — Grün), L. F.

Roman coins, Cav. Francesco Gnecchi.

Varia. — Numismatic societies, museums, books, etc.

— Janvier 1903.

A portrait-medalet of Raymund Fugger, dated 1530, by an uncertain Augsburg medallist, L. F.

The witness of the Roman coins to the history of Rome, etc., Rev. A. W. Hands.

Edinburgh farthing tokens, Lionel L. Fletcher.

Sketches of European continental History and Heraldry, for the use of numismatists, F. C. Higgins.

Biographical notices of medallists, coin, gem and seal-engravers, ancient and modern, with references to their works. B. C. 500- A. D. 1900 (Grünberger — Gube), L. F.

Numismatic societies, books, magazines, reviews.

— Février 1903.

A variety of the tetradrachm of Catana with facing head of Apollo, L. F.

The witness of the roman coins to the Social War, etc., Rev. A. W. Hands.

Sketches of European continental History and Heraldry for the use of'Numismatists, F. C. Higgins.

Biographical notices of medallists, coin, gem and seal-engravers, ancient and modern, with references to their works. B. C. 500- A. D. 1900 (Gube—Gyr), L. F.

Some crowns of queen Victoria, H. G.

Varia, numismatic societies, books, reviews, etc.

---

1. Le travail de M. L. F.: *Biographical notice of medallists*, etc., paraît depuis 1898 dans la *Numismatic Circular*. C'est par suite d'une erreur de copie que mention n'en a pas été faite ici depuis cette date, et nous réparons l'oubli.

LIVRES NOUVEAUX

FLORANCE (D^r). — *Tableaux synoptiques des Ethniques des Villes et Peuples grecs* (Extr. du *Bulletin de Numismatique*, 1901-1902, gr. in-8°, 105 p.).

Si, comme le dit l'auteur, son travail n'a pas le caractère de la nouveauté, du moins arrive-t-il à point, aussi complet que possible ; il n'y a pas eu, en effet, jusqu'à présent, de guide — dans toute l'acception du mot — dont la consultation permît aux collectionneurs de monnaies grecques de déterminer *rapidement* celles dont les légendes sont parfois abrégées ou souvent incomplètes. C'est donc un véritable dictionnaire que le Docteur Florance a composé ; il s'est inspiré, il est vrai, d'auteurs antérieurs et modernes, mais il a su donner à son travail un cachet particulier qui le fera apprécier.

— *Séries impériales grecques et coloniales* (Paris, 1903, gr. in-8°, 193 p.).

Les remarques faites pour le travail précédent s'appliquent à celui-ci, attendu que le Docteur Florance n'a fait que classer — ceci est déjà d'un mérite appréciable — les monnaies frappées dans les villes grecques et dans les colonies en l'honneur de l'empereur et de la famille impériale. Il y a lieu d'insister sur ce point que la « compilation » — pour employer le terme de l'auteur — ne s'arrête pas aux seules monnaies connues de H. Cohen (*Monn. fr. sous l'Empire rom.*, 1re & 2e édit.) ou de B. V. Head (*Historia Numorum*, 1888), mais comprend toutes celles qui ont été publiées depuis. En outre, le Docteur Florance a pensé pouvoir établir, dans la préface de ce travail, un rapport entre l'échelle de Mionnet et les millimètres français.

E. BABELON. — *La Numismatique et la Glyptique au Collège de France. Leçon d'ouverture* (Extr. de la *Revue internat. de l'Enseignement*, Paris, 1903).

M. E. Babelon a, le 5 janvier dernier, inauguré le cours dont il est chargé au Collège de France. Il a, avec toute l'érudition et toute l'éloquence qui lui sont particulières, démontré quel liens étroits unissent la Numismatique et la Glyptique « qui sont, dans les sciences historiques, ce qu'est l'entomologie dans les sciences naturelles ». Les anciens recueillaient les gemmes gravées et les médailles, les étudiaient et les interrogeaient, de manière à établir ou à reconstituer les événements passés. N'est-ce pas là le début de la science numismatique ? Les erreurs du haut moyen âge en ont empêché les progrès, et ce n'est qu'au xiv⁰ siècle, avec Pétrarque, que l'étude critique reprit son élan ; le xv⁰ siècle ne compte pas ses collections, le xvi⁰ ses ouvrages, et, depuis Guillaume Budé, l'ami de François I⁰ʳ, jusqu'à François Lenormant, la liste est longue des érudits qui illustrèrent la Numismatique.

M. Babelon explique ensuite comment il a divisé sa tâche en huit périodes : 1° depuis les origines jusqu'à l'invasion des Perses en Grèce, en 480 ; — 2° depuis le relèvement d'Athènes, en 479, jusqu'à Alexandre le Grand, en 336 ; — 3° l'époque d'Alexandre le Grand, jusqu'à la domination romaine ; — 4° la domination romaine ; — 5° les derniers siècles de l'Empire, les séries byzantines et les temps mérovingiens ; — 6° le denier carolingien et féodal ; — 7° la numismatique médiévale ; — 8° la numismatique moderne. Le conférencier a passé en revue les caractéristiques de la Numismatique et de la Glyptique dans ces diverses périodes.

A. Evrard de Fayolle. — *Recherches sur Bertrand Andrieu, de Bordeaux, graveur en médailles, graveur du Cabinet du Roi, etc. (1761-1822). Sa vie, son œuvre.* Mémoire présenté à l'Académie nationale des Sciences, Belles-Lettres et Arts de Bordeaux (grand prix de La Grange, 1898). Préface de Fernand Mazerolle, archiviste de la Monnaie (Paris, 1902, in-4°. 237 p., 5 pl. et portrait).

Il y a lieu d'applaudir à l'heureuse inspiration qu'ont eue les arrière-petits-enfants et petits-neveux de Bertrand Andrieu d'éditer la monographie consacrée à leur ancêtre ; félicitons aussi M. Evrard de Fayolle dont les persévérantes recherches ont tiré de l'oubli l'œuvre capitale du graveur bordelais. Faisons appel aux érudits, aux chercheurs, à tous ceux qu'enflammera l'exemple de M. de Fayolle : Droz, Galle, Jaley, Brenet et d'autres attendent leur historiographe.

Bertrand Andrieu ne doit pas être tenu pour chef d'école ; mais sa haute instruction, son ingéniosité féconde, son habileté, ont fait de lui le meilleur des médailleurs de son temps ; il est le glorieux burin de l'épopée napoléonienne et son œuvre est, pour ainsi dire, tout entière dans l'idéalisation de la figure du Grand Empereur.

L'Académie des Sciences, Belles-Lettres et Arts de Bordeaux a décerné le grand prix de La Grange au travail de M. de Fayolle, le meilleur, incontestablement, qui ait paru sur Bertrand Andrieu que l'antique capitale des Pétrocoriens compte parmi ses plus illustres enfants.

MÉDAILLES NOUVELLES

La médaille des médecins. — La Société médicale des bureaux de bienfaisance a décerné, hier, une médaille d'or à M. Chaumié, ministre de l'instruction publique et des beaux-arts. Cette médaille n'est autre que la médaille des membres de la Société, avec la différence du métal, car celle-ci est en bronze. Cet insigne représente un médecin apportant les secours de la science à un malade auprès duquel se tient, en consolatrice, une femme, fille, épouse ou sœur. L'attitude du médecin semble indiquer non seulement le souci de guérir physiquement le malade, mais aussi celui de lui apporter un réconfort moral. Heureuse composition, qui symbolise bien le rôle des médecins des pauvres !

La médaille des sénateurs. — Tous les trois ans, la questure du Sénat est chargée de renouveler la médaille des membres de la Chambre Haute. Elle s'est montrée particulièrement bien inspirée cette année, car les sénateurs vont se trouver dotés d'un véritable bijou dû à M. Henry Dubois, le fils du grand graveur Alphée Dubois.

L'œuvre du délicat artiste est réellement parfaite en tous points. Entourée des mots République française, une tête de jeune femme, dont les yeux disent à la fois la bonté et la décision, regardant avec sérénité vers l'avenir, est coiffée avec grâce du bonnet phrygien orné de la cocarde nationale, agrémentée d'une brindille d'olivier et dont les bords disparaissent sous les lourdes ondulations d'une épaisse chevelure. La paix armée est symbolisée par les attributs de la Sagesse qui ornent le corsage.

Au revers, le travail de la nuit est représenté par la lampe qui s'éteint, tandis que le soleil se lève, vainqueur, à l'horizon. Dressé au pied d'un chêne vigoureux, le Livre des Lois. Au centre de la composition, le mot : Sénat ; en bas, un cartouche entouré de branches de chêne et destiné à porter le nom du sénateur.

Un nouvel insigne. — Les conseillers généraux vont avoir un nouvel insigne. Ils le devront au sculpteur Maillard, un jeune artiste d'un très grand avenir, déjà connu pour plusieurs monuments que lui commanda l'État et qui ont réuni les suffrages de tous les critiques d'art.

Le nouvel insigne se compose du buste de la République, reproduction de celui qui figura au dernier Salon et qu'acquit le Conseil. Le buste est entouré de lauriers ; il repose sur un double faisceau de licteurs et est surmonté d'un motif allégorique : la Seine, d'un effet des plus artistiques.

La dépense sera de seize mille francs pour établir l'œuvre de Maillard. Le prix de chaque insigne en argent doré sera de seize francs.

La médaille de Chine. — On vient d'achever de couler les coins de la médaille de Chine, due au maître graveur Léon Lemaire. Si donc rien ne s'y oppose, la frappe de cette médaille pourra commencer dans les premiers jours de janvier.

A l'avers, la médaille représenté une République jeune et jolie, que, par une innovation fort heureuse, l'artiste a coiffée d'un casque colonial couronné de chêne, au lieu du traditionnel bonnet phrygien.

Le revers représente un trophée composé d'un drapeau, d'une ancre de marine et de deux canons. A l'arrière-plan, s'aperçoit le palais de la légation de France à Pékin.

Une couronne mi-chêne, mi-laurier, avec l'inscription : « Chine, 1900-1901 », entoure le tout.

Cette médaille, dont l'aspect est fort heureux, sera attachée à son ruban, de même couleur que celui de la médaille du Tonkin, par une bélière composée de deux petits dragons chinois réunis par une feuille de lotus.

— Le dimanche 18 janvier, le ministre de l'Instruction publique présidait, dans le grand amphithéâtre de l'École de médecine, une cérémonie organisée par un groupe de savants et d'anciens élèves, en l'honneur du professeur Brouardel. Le ministre a remis à l'ancien doyen de la Faculté une plaquette commémorative. Cette plaquette, en or, œuvre de Roty, porte à l'avers l'effigie du professeur surmontant une Hygie assise devant la colonnade de l'École et qui rappelle les bienfaits de l'hygiène, dont le docteur Brouardel fut, en France, l'ardent protagoniste. Au revers, une femme, qui soulève le voile d'une autre femme et projette sur elle la clarté rayonnante d'une lampe, symbolise la Science découvrant la Vérité.

— Sur la demande des comités pro-boers constitués en France, le graveur Henry Dubois a exécuté une admirable médaille en l'honneur du président Krüger. L'avers présente le profil, modelé à Utrecht d'après nature, de l'illustre vieillard. Au revers, l'éminent artiste a, en une délicate composition, symbolisé l'âme des Républiques sœurs planant au-dessus de l'Afrique du Sud.

DISTINCTIONS HONORIFIQUES

Parmi les promotions publiées au *Journal Officiel*, nous relevons les suivantes :

M. de Fayolle, à Bordeaux, est nommé officier de l'Instruction publique.

M. E. Angérard, notaire à Louviers, est nommé officier d'Académie.

Nous présentons aux nouveaux promus — deux de nos fidèles abonnés — nos bien vives félicitations.

LECTURES

— M. Salomon Reinach, de l'Institut, vient d'être appelé à remplacer M. Alexandre Bertrand, comme conservateur du Musée des antiquités nationales à Saint-Germain. Depuis longtemps conservateur adjoint de ce Musée, M. Salomon Reinach recueille une succession pour laquelle il était tout désigné par ses nombreux travaux archéologiques.

— Le grand-duc Alexandre Michaïlovitch de Russie, président du Comité de reconstruction des monuments historiques du siège de Sébastopol, a décidé d'adjoindre au Musée de la défense de Sébastopol, fondé dans cette ville, une section étrangère, spéciale aux armées alliées, où seront réunis tous les souvenirs relatifs à la campagne de Crimée. Les collectionneurs français qui seraient disposés à se dessaisir, en faveur de ce musée, d'objets tels que portraits, tableaux, médailles, armes, etc., ayant trait à cette mémorable campagne, peuvent s'adresser à l'attaché naval de Russie en France, le lieutenant de vaisseau Epantchine, qui est chargé de transmettre les offres qui lui seraient adressées.

— Peut-être pense-t-on qu'il n'y a plus que l'Afrique centrale où la monnaie n'existe pas. Sans aller si loin, il existe dans l'archipel une île délicieuse, l'île de Thasos, dépendant à la fois du sultan de Turquie et du khédive d'Égypte, où la monnaie divisionnaire ne circule pas. Chaque village a sa monnaie propre, qui n'a cours que dans ses limites. Les pièces employées sont de cuivre ou plutôt de laiton que la Turquie a réformées.

Sur ces pièces, chaque village applique son timbre, qui consiste en quatre lettres placées entre les bras d'une croix.

Le métal précieux n'entrant pas dans leur composition, il s'ensuit que leur emploi ne diffère guère du troc ancien, étant donné que les pièces parties d'un même village y rentrent périodiquement.

Heureuse île, où la soif de l'or n'empêche pas de dormir !

— Il paraît que des monnaies de nécessité auraient été frappées pendant la guerre anglo-boer. Elles consisteraient en rondelles de métal portant à l'avers les initiales Z.A.F. (Zuid Afrikaansche Republiek) et au revers, une indication de valeur. Un journal anglais assure que le général boer Lucas Meyer en possédait en or pur émises pour la valeur d'une livre : *Een pond, 1902.*

— M. Chambroux, qui a déjà pratiqué d'heureuses fouilles, vient de faire, sur le territoire de Chelles, une découverte intéressante : celle d'un cimetière gaulois. Il y a trouvé des sépultures, probablement violées déjà, très peu profondément enfouies dans le sol, soixante centimètres environ, et contenant parfois deux squelettes l'un sur l'autre. Dans un vase, mêlé à des cendres, il a trouvé une lance et un sabre tordus, un umbo de bouclier, qui attestent l'incinération d'un guerrier. Dans un autre tombeau, il a trouvé une pince à épiler, une fibule, un rasoir de fer. Deux monnaies gauloises datent les sépultures. Ces objets viennent enrichir les très remarquables collections que M. Chambroux a réunies rien qu'avec le produit des fouilles auxquelles il se livre dans le pays.

La monnaie de nickel. — On sait que le budget de 1903 prévoit la création d'une monnaie de nickel et fait état du bénéfice de 3.160 000 francs que doit procurer au Trésor l'émission de 16 millions de pièces d'une valeur nominale de 25 centimes.

Diverses objections avaient été faites à la nouvelle monnaie; la principale était la confusion possible avec la pièce en argent de 1 franc. Afin d'éviter cette confusion, la commission du budget, d'accord avec le gouvernement a établi que :

1º La pièce de 25 centimes en nickel pèse 7 grammes, alors que la pièce de 1 franc en argent pèse 5 grammes :

2º La tranche de la pièce de nickel sera lisse, au lieu d'être cannelée, comme celle de la pièce d'argent ;

3º La pièce de nickel sera près de moitié plus épaisse que la pièce d'argent : 1 mm. 77 au lieu de 1 mm. 23.

4º Le diamètre de la pièce de nickel sera de 24 millimètres, alors que celui de la pièce de 1 franc est de 23 ;

5º La gravure de la pièce de nickel comportera un sujet simple, à emblème très caractéristique, s'écartant le plus possible des empreintes qui figurent sur les pièces d'argent ; la valeur de la pièce sera indiquée au revers en chiffres de grandes dimensions.

Ajoutons que la nouvelle monnaie doit être en nickel pur, avec une tolérance d'impureté de 20 millièmes.

Le poids du nickel employé pour une première émission de 16 millions de pièces sera de 112.000 kilos, dont le prix d'achat, à 3 fr. 50 le kilogramme, s'élèvera à 392.000 francs ; les frais de fabrication des flans sont évalués à 340.000 francs ; enfin les frais de frappe atteindront 100.000 francs. La dépense totale de l'émission, en chiffres ronds, sera donc de 840.000 francs. La valeur nominale des pièces émises étant de 4 millions, le bénéfice de l'opération pour le Trésor sera, comme il a été dit plus haut, de 3.160.000 francs.

— La valeur des monnaies françaises frappées et mises en circulation de 1880 à 1901 s'élève a 1.082 millions de francs. Dans ce chiffre, les monnaies d'or entrent pour 954 millions, les monnaies divisionnaires d'argent pour 120 millions et les monnaies de bronze pour 8 millions.

Si l'on remonte à l'origine des coupures monétaires en usage, on trouve que, de 1803 à la fin de 1901, il a été frappé 9.670 millions de pièces d'or ; de l'an IV à la fin de 1901, il a été fabriqué 5.060 millions de pièces de 5 francs d'argent ; de 1803 à 1901, la valeur des monnaies divisionnaires d'argent s'élève à 571 millions ; enfin, de 1852 à 1901, il a été fabriqué 71 millions de monnaie de bronze. Soit un total de 15.373 millions. Mais il a été démonétisé pour 383 millions de monnaies diverses et il a été refondu pour 202 millions de pièces légères. La valeur du numéraire restant s'élève donc à 14.787 millions. Mais une partie du numéraire seulement est dans la circulation. On estime que les pièces perdues, fondues ou définitivement exportées, représentent une valeur de plusieurs milliards, compensée, il est vrai, par la circulation en France d'un grand nombre de monnaies d'or et d'argent étrangères.

Depuis l'adoption des nouvelles effigies monétaires créées par Chaplain pour les monnaie d'or, par Roty pour les monnaies d'argent et par Daniel Dupuis pour les monnaies de bronze, il a été frappé 163.876.468 pièces représentant une valeur de 227.079.577 fr. 44. Dans ce chiffre, les pièces de vingt francs entrent au nombre de 4.758.775 ; celles de dix francs, au nombre de 4.358.937 ; celles de deux francs, au nombre de 10.860.000. Enfin. il y a 32.299.097 pièces de un franc et 62.242.767 pièces de cinquante centimes. On sait qu'il n'a pas été frappé de pièces de cinq francs, dont la fabrication est suspendue par la loi ainsi que les conventions internationales.

Une fourberie dévoilée. — Il y a quelque temps la *Gazette de Silésie* publie une lettre du comte Hans Yorck de Wartenbourg, dans laquelle celui-ci prétendait avoir vu une médaille frappée en France qui portait l'inscription suivante : « NAPOLEON III—IMPERATOR » et au revers : « FINIS GERMANIÆ 1870 ».

L'auteur de la lettre qualifiait cette inscription de « document de l'impertinence caractéristique des Français et particulièrement de Napoléon III »

Après examen de deux de ces médailles, l'Institut numismatique de Berlin vient de déclarer qu'elles n'avaient pas été fabriquées en France, mais au contraire en Allemagne et probablement à Francfort-sur-le-Mein, d'autres prétendent à Mayence.

(Monthly Numismatic Circular).

— Les timbres actuels, de 1 à 30 centimes, vont être remplacés par des timbres nouveaux dont le type sera emprunté à la *Semeuse* de Roty, figurée en bas-relief. Il ne sera pas sans intérêt de comparer l'effet produit sur l'œil par ces deux exécutions différentes du même modèle, en médaille et en timbre-poste.

(Rev. Num.)

— Le dimanche 9 novembre 1902, a eu lieu à Blois l'inauguration du Musée Daniel-Dupuis. Toutes les œuvres du médailleur, ainsi que certaines sculptures, des dessins et des peintures dont il est l'auteur, ont été réunies dans plusieurs salles situées au rez-de-chaussée du château. On sait que déjà avant sa mort Daniel-Dupuis s'était occupé de former, dans le musée de sa ville natale, une réunion de ses différentes médailles, qui lui ont valu sa célébrité artistique. [La mort avait empêché l'artiste de mettre son projet à parfaite exécution. Sa famille, respectueuse des intentions du défunt, a non seulement complété la collection numismatique, mais a encore ajouté des œuvres moins connues du grand public, tableaux et morceaux de sculpture. L'installation ayant été terminée, la ville de Blois a voulu honorer la mémoire de l'artiste par une inauguration solennelle du Musée Daniel-Dupuis, à laquelle présida M. H. Roujon, directeur des Beaux-Arts.

(La Corr. hist. et archéol.)

— M. Frédéric Alvin, conservateur adjoint au Cabinet des médailles de Bruxelles est nommé conservateur en chef, en remplacement de M. Picqué, admis à la retraite.

— *Le vol du Cabinet des médailles de Marseille.* Dans le courant du mois de novembre dernier, un vol important a été commis au Musée des médailles de Marseille ; les voleurs se sont emparé surtout de monnaies et médailles d'or, négligeant les pièces d'autre métal qui ont cependant, en numismatique, une valeur plus considérable, telle, par exemple, la drachme massaliote Lakydon, dont on ne connaît que deux exemplaires. Le butin a été néanmoins énorme, et ne comporte pas moins de 783 unités, se rapportant :

13 à la Provence romaine ; 31 à la Provence franque, dont les monnaies furent frappées à Marseille et à Arles, et qui sont très rares ; 43 à la Provence indépendante, comprenant les monnaies des comtés de Provence, de la maison d'Anjou, dont font partie « l'augustale » et la « demi-augustale » or, de Charles Ier ; 23 à la Provence seigneuriale ; 35 aux papes et légats d'Avignon ; 78 à la Provence royale ; 10 médailles historiques de Provence ; 2 personnages remarquables de Provence ; 132 monnaies françaises, dont l'écu d'or de Saint-Louis, connu à trois exemplaires ; 29 grands-maîtres de l'ordre de Saint-Jean-de-Jérusalem ; 2 monnaies grecques et coloniales ; 133 monnaies de l'empire romain ; 31 de l'empire d'Orient. La valeur artistique des monnaies ou médailles volées est évaluée à plus de 100.000 francs représentant environ 8.000 francs d'or. C'est une perte inestimable et irréparable, probablement, car on craint que les cambrioleurs n'aient fait fondre leur butin.

On n'a retrouvé, jusqu'à présent, que des pièces de bronze qui avaient été jetées dans un égout des environs du Cours Belsunce.

— *La chaire de numismatique et de glyptique au Collège de France.* La Gazette des Beaux-Arts devant célébrer dans six ans son cinquantenaire, a décidé de marquer cette solennité par la fondation, au Collège de France, d'une chaire de numismatique, science qui, actuellement, n'est pas représentée en France dans les cadres du haut enseignement. Avant de procéder à la fondation définitive de cette chaire, un cours temporaire est institué pour une période de cinq années. M. E. Babelon, l'érudit conservateur en chef du Cabinet des médailles, a été nommé titulaire de ce cours. Il y traitera des monnaies grecques depuis les origines jusqu'à l'invasion des Perses, en 480 av. J.-C.

— *Don de M. le capitaine Milhau au Musée Guimet :* 563 vieilles monnaies chinoises rapportées de l'expédition de Chine. En bronze, de formes variées, elles ressemblent à des fourches à pêcher, à des couteaux ou des cloches, elles remontent pour la plupart, à la dynastie des Tchéou, de 1134 à 256 avant notre ère.

— *Le monogramme du Sultan.* Le monogramme du Sultan, ou *Tughra*, que tous nos lecteurs connaissent, est un groupe de caractères arabes placés de telle sorte que la traduction en est excessivement difficile. Voici comment M. Edw. Gilbertson, dans une lettre à la « Numismatic and Antiquarian Society of Philadelphia », avril 1900, en donne la lecture : *Sultan el-barrain wa Khan el-bahrain, Sultan Abdul Aziz Khan, ben Sultan Mahmud*, ce qui signifie : *Le Sultan des Deux Terres, seigneur des Deux Mers, Sultan Abdul Aziz Khan, fils de Sultan Mahmud Khan*. Ainsi qu'on le voit, la *Tughra*, qui est de forme semblable pour tous les Sultans, contient les noms et titres du sultan et ceux de son père ; ajoutons que le secrétaire impérial chargé de son exécution, nous donne un spécimen fameux de calligraphie !

LES FAUX MONNAYEURS. — L'HISTOIRE DU BILLET DE BANQUE. — CRÉATION D'UN NOUVEAU TYPE (*suite*).
LE NOUVEAU TYPE

Lorsque la création d'un nouveau type est décidée, on en arrête le sujet et on en confie l'exécution à l'un des plus éminents artistes du temps, — pour le présent projet, c'est M. Luc-Olivier Merson qui a été chargé de ce soin — qui le dessine et le peint sur une toile considérablement plus grande que les dimensions réelles du billet.

La maquette, complètement finie, est réduite par la photographie et livrée au burin qui la grave sur une plaque d'acier. Celle-ci est ensuite trempée pour parfaire sa résistance. Il est inutile de dire qu'on emploie pour cela des artistes de talent et des ouvriers éprouvés. Les maquettes sont enfermées à double tour, dans des locaux spécialement aménagés, situés dans l'intérieur de la Banque, et les mesures les plus minutieuses sont prises pour en assurer le secret.

LES PROCÉDÉS DE FABRICATION

La fabrication des deux sortes de papiers dont se composent les billets de banque, est accomplie aux mêmes conditions, dans une importante papeterie du Marais. Les pâtes sont composées de matières choisies avec des soins méticuleux. Le papier de la face externe est d'une pâte verte obtenue directement avec le chanvre vierge et, quoique très mince, offre une très grande résistance Le papier interne sur lequel sont imprimées les vignettes transparentes à trois teintes distinctes, gris, blanc et ombré, est fait de chiffon pur. Le filigrane est imprimé dans la pâte non encore séchée, celle-ci s'amincit sur les reliefs et donne les blancs translucides.

Les deux papiers sont ensuite mis l'un sur l'autre et laminés dans des machines à cylindres chauds, qui les rendent parfaitement homogènes. Les délégués de la Banque, qui ont assisté à toutes les opérations, comptent alors les feuilles sans défaut, brûlent les autres et emportent les planches des filigranes après avoir donné quittance du tout. Les feuilles sont transportées à la Banque où l'impression se fait dans une salle spéciale, au moyen d'une presse à bras. Avant de les livrer à la circulation, néanmoins, on les frotte encore d'un vernis spécial, destiné à empêcher complètement les essais de report sur pierre, ce même vernis jouit de la propriété singulière d'enlever, lorsqu'il est frotté sur un billet, les retouches indélicates qui pourraient y avoir été faites.

En Amérique

Les Américains revendiquent cependant le dernier mot de cette fabrication. Il est indéniable que, par une savante collaboration d'art et de science, ils soient arrivés à produire des billets réfractaires à la photographie et si difficiles à reproduire, même pour un graveur habile, que ce sont, dit-on, les États-Unis d'Amérique qui détiennent la plus imposante minorité.

Nos lecteurs peuvent, à présent, juger si nos billets français en cèdent de beaucoup à leurs frères d'Amérique.

Les tribunaux sont impitoyables pour les faux monnayeurs dont le crime est qualifié et, si la loi, adoucie par la revision du Code pénal en 1832, ne peut plus faire tomber leur tête, le bagne perpétuel se charge de leur faire expier très durement leur crime.

Il le faut, car dans la répression seule de ce crime est la garantie des honnêtes gens.

(Le Journal.)

ACADÉMIES ET SOCIÉTÉS

Société de numismatique. — Dans la séance du 7 février 1903, M. Caron a appelé l'attention sur les noms de familles historiques inscrits sur les monnaies féodales. Il cite Eustache de Levis, prince archevêque d'Arles de 1476 à 1489; Mélic VI de Périgord, dont le denier, très rare, ne se trouve pas au Cabinet de France, et surtout le denier unique au nom de Roquefeuil, dont la légende de revers : *Lex prima M,* soulève un problème dont la solution serait fournie par une bulle pontificale qui relevait un Roquefeuil de ses vœux monastiques.

Le comte de Castellane est revenu sur les pièces à la légende *Comes Edwe,* en donnant les raisons qui les lui font attribuer à Embrun.

M. A. Blanchet fait ressortir l'importance des collections numismatiques du musée Dutuit, et démontre que ces richesses sont mal protégées contre le vol.

Dans la séance du 10 janvier, M. Adrien Blanchet a appelé l'attention sur les documents que publie M. Benoist et qui nous font connaître les instructions données aux voyageurs que les rois de France envoyaient en Orient aux XVIIe et XVIIIe siècles pour y recueillir des antiquités et des médailles.

Le comte de Castellane a étudié diverses monnaies provençales et recherché l'origine des gros tournois émis par le roi de France, co-seigneur d'Avignon, pour circuler dans cette ville. Il a présenté une pièce inédite de sa collection frappée à Arles pendant la minorité du roi Louis II.

Académie des Inscriptions et Belles-Lettres. — Le prix de numismatique, fondation Duchalais (800 fr.), sera attribué en 1904 au meilleur ouvrage de numismatique du moyen âge qui aura été publié depuis le mois de janvier 1902 (Dépôt, deux exemplaires).

Académie des sciences de Berlin. — L'Académie a élu, comme membre ordinaire, M. le professeur Dr H. Dressel, directeur du Cabinet royal des médailles, dont on connaît les importants travaux de numismatique antique et d'épigraphie.

(Bull. intern. de numism.)

LES VENTES

Ventes faites par Mme Raymond Serrure.— *19 janvier 1903. Antiquités grecques et romaines.*
— Le catalogue mentionnait quelques jolis vases, une très belle série de statuettes de
terre cuite de Tanagra, Thèbes, Asie Mineure, etc., une magnifique Ptah embryon, un
charmant petit ex-voto en argent représentant un bouquetin, tr. à Olympia ; deux bagues
antiques ont atteint 105 et 125 francs, une petite tête de Minerve de très beau style,
bronze, 176 fr. — Le produit total, non compris les 10 o/o des acquéreurs, était de 5.179 fr.

Vente des 23 et 24 janvier. Collection J. Gilbert, antiquités recueillies en Syrie. — Un
très bel ensemble de verres, parmi lesquels une dizaine de pièces capitales ; quelques
belles lampes chrétiennes en bronze ; des divinités héthéennes, juives et phéniciennes
(Bâal, Astarté, etc.); un superbe peson de balance romaine ; de magnifiques statuettes de bronze, Vénus syriennes, dont une portant des bracelets en or ; et enfin,
une très amusante série de petits animaux, en bronze, trouvés à Tripoli et dans le
Haouran (Syrie). Les deux vacations ont produit, non compris les 10 o/o, 9.971 fr.

Le Gérant : CONSTANT BOURDONNAIS

DU COURS DE LA MONNAIE

DANS LA RÉGION DU BARROIS

[NOTES INÉDITES DE FEU L. MAXE-WERLY]

(Suite et fin.)

LE FLORIN

En 1364, ix^{xx}j florins Z dei valent vij^{xx}xj livres v sous (A. Jacob, 20 mars 74). 3e compte de Jean Henry, prévôt de Gondrecourt, d'où 1 florin valait 16 s. 8 d. monnaie barroise.

En 1372, dans un paiement fait le 19 août à titre d'à-compte à Louis de Sancy, il est dit : « et Valoit li Robert 15 sols tournois » en parlant des quatorze florins dont il est question dans l'acte rapporté par M. V. Servais (Ann., I, 238).

En 1451, le florin au chat, qui valait 15 s. 10 d. tournois en monnaie de France, valait la livre du Barrois, puisque Gérard Potel, receveur général du duché de Bar (1451-1452), a payé : « à plusieurs personnes pour les causes contenues en ung mandement du roy, donné au chastel d'Angiers le 2e jour de novembre 1451, en 3.333 florins au chat et 4 gros monnoie de Bar qui vallent a monnoie de France à raison de 15 s. 10 d. tournois, monnoie devant dicte pour chacun chat 2638 l. 16 s. 10 d., le tout rendu cy. 3.333 l. 6 s. 8 d. »

Nous trouvons dans la *Revue Belge* plusieurs renseignements sur les florins de Robert, mais nous ne sommes point convaincu que cette dénomination indique la monnaie d'or de Robert, duc de Bar. Ce qu'il nous faudra vérifier.

Dans le volume de l'année 1853, p. 127, nous trouvons : « 62 florins Robertus et autres de petit pris estimé chacun à 13 patards 10 deniers ».

Ces florins, trouvés en avril 1472 à Luxembourg, furent changés à Metz par le receveur des domaines du duc. Les florins de Gueldres trouvés dans cette découverte furent estimés 22 patards. Ce qui indique l'abaissement du titre auquel les florins Robertus avaient été émis.

Dans un document monétaire de l'année 1389, cité par la *Revue Belge*, 1854, page 451, il est établi que dans l'empirance,..... le florin Robertus allait sans cesse en s'affaiblissant.

« Item le premier florin Robertus sans point. s. II. d. VI.

« le second florin Robertus avec un point derrière lomme. s. III. d. VI.

« le tiers florin Robertus avec un point devant lomme. s. IIII. d. II.

« le quart florin Robertus avec le o devant lomme. s. VI.

« le ve florin Robertus avec le o ouvert dessoubz et de seure. s. VI. »

Ce florin Robertus est sans nul doute le florin de Robert de Bar, monnaie assez commune (de Coster).

Un compte de Jaquet Dianville, prévôt de Saint-Mihiel (1438-1440), prouve que les florins du Rhin avaient cours pour leur valeur dans le Barrois où les monnaies d'or de nos ducs, dont on retrouve si difficilement des exemplaires, étaient rares dès ce temps. Le receveur y rappelle l'échange de 106 florins du Rhin pour d'autres florins. Cette opération coûta au domaine 4 l. 8 s. 4 d. parce que les florins du Rhin ne valaient que 16 gros et que les autres en valaient 16 et demi. Voici l'article de ce compte :

« 4 l. 8 s. 4 d. paier par led. prevost pour le change de 106 florins du Rhin en or, qui par ledit prevost furent changies à monnoie 16 gros et demi pièce, qui est oultre le commun cours que valoient florins du Rhin qui ne valoient que 16 gros. Appert par lettre de Messeigneurs du Conseil, estans à Bar, escript le Ier jour de may iiij^e xxxix et le tesmon du clerc juré sur ce fait, rend cy » (V. Servais, 1851, page II.)......

1362-1363. — Compte de Joffrois de Horville, prévôt de Gondrecourt : « à Drowin (?) sergent avec lui six arbalestriers qui menarent à Bar Girardel Puchon qui estoit pris pour soupesson de *faulx florins* qu'il avoit *mis*... despens, 25 sols.

« Asseine (enseigne) li prevot que Humbelet de Gondrecourt receveur dou duché de Bar, houst de Puchon de Horville qui avoit este pris pour soupesson d'avoir mis *faulx florins* par composition faite à lui, 30 florins.

« Item, asseine que li dis receveurs houst de Bertrand Mainriel pour tel cas et par composition faite à lui, *10 florins*. »

1368. — Dans son testament, Henry de Bar, seigneur de Pierrefort, donne « à un chacun des Freires dudict couvent (de Toul), le jour de mon obit, dous *petits florins* ».

« Encore je donne aux Freres Prescheurs de Toul quarante *florins* pour prier Dieu pour mi en faisant dons annuelz. »

Dans cette donation il est fréquemment fait mention de sommes désignées soit en *florins*, soit en *petits florins*.

1411. — Traité pour la garde de Verdun : « Et en nom de récompensation de la dite garde, debverons et serons tenus de payer et de rendre audit Duc, chacun an, ledit temps de sa vie durant, au jour et terme de Noël, cinq cents petits florins de boin aur et de boin poids et deix et huict deniers, monnoye coursable par ledit termine à Verdun par chacun feu solvable de notre dite Cité. »

En 13.., Robert de Bar avait acquis trente florins valant vingt-sept frans et demi sur le domaine d'Aulnois en Perthois (Notice supp[t]).

En 1570, vente de la seigneurie d'Aveller moyennant la somme de 5.700 florins, monnoie du Barrois (Notice supp[t]).

En 1356, les réparations faites au château de Pierrefort coûtèrent 15 petits florins ou 16 écus 13 s. (Compte de Jean de Flirey, 1356-57, arch. du Barrois).

En 1360, 16 livres et demie de chandelles valaient à Toul, le lundi, veille de Saint-Michel, 11 gros ou 1 florin et un gros.

En 1360, six paires de sollers pour 12 gros, ou 1 petit florin et 2 gros vieux (du même compte).

En 1359, deux paires de crochets pour les Hourels (vêtements) de Henri de Bar et ceux de Pierre de Bar coûtèrent 18 s. ou demi-florin.

En 1359, 19 aunes de fustaine achetées à Metz coûtèrent 74 s. 10 d. valant 3 petits florins 2 s. 10 d. (vérifier cet extrait tiré, ainsi que le précédent, du compte de Jean de Flirey, le jeudi avant Pâques fleurie, 1359).

Il est à remarquer que dans le duché du Barrois les monnaies d'or qui y circulaient le plus étaient les écus de Philippe de Valois, valant 21 sols, et ceux de Jean, estimés 17 sols. On voit, par certains comptes faits en petits florins, que cette monnaie valait 2 sols de plus que l'écu du roi Jean, c'est-à-dire 19 sols.

1356. — Jean de Flirey délivre a Jean le Clochier de Flirey, le jeudi après la Saint-Remy, 3 petits florins ou ecus 6 s. pour faire une busine pour la maison de Pierrefort.

1342. — Le florin d'or petit valait 12 gros vieux.

1348. — Le florin vaut en Lorraine 32 gros monnoie du pays.

1354. — Le florin au coin du roi Ph. IV = 12 s. messins.

1388. — Le petit florin d'or valait 10 grands tournois d'argent.

  —   —   —   à Metz, 11 gros tournois d'argent.

1406-1418. — Le florin valait 10 gros.

1424.   —   12 gros.

Les florins du Rhin, frappés par les électeurs du Rhin (les archevêques de Trêves, de Cologne, de Mayence et le comte Palatin) étaient autrefois fort répandus en Lorraine et en Barrois, où ils étaient adressés dans les paiements comme les monnaies du pays.

1406. — Le florin du Rhin vieux valait en Lorraine 12 gros.

1444. — Il valait à Metz 13 sols de Metz.

1347-1349. — Le florin écu vieux valait 20 sous (B, 1957).

1354-1355. — Le florin vaut 52 s. à la monnaie de Sampigny quand l'écu de Jean est estimé 53 s., et dans le même chapitre 70 f. = 100 écus Johannes pièce pour 70 s. monnaie coursable valent 350 l. (compte de Jehan, curé de Lérouville, prévôt de Henri de Bar, seigneur de Pierrefort).

1388. — Petit florin d'or valait dix grands tournois d'argent.

1381. — Florin estimé 10 gros (voir dossier Ville-sur-Saulx).

Florins de Florence.

Valaient en Barrois, en 1354, un écu coursable au royaume de France.

Le petit florin de Florence, en 1379, 1424 et 1444, représentait 11 gros de Metz. A cette dernière époque 11 gros messins valaient 11 sols.

Les florins de Florence paraissent avoir eu beaucoup de vogue dans le Barrois. En 1354, « 40 petits florins de Florence viez valaient à écus de Jehan 42 écus de Jehan et 2 gros viez. »

Florins de Gueldres.

En 1348, ce florin valait 2 francs de Lorraine.

Florins d'argent.

Jean de Lorraine s'engagea, par traité passé en 1370 avec Robert de Bar, a faire frapper à Nancy la somme de 20.000 florins avec le billon qui lui serait envoyé de Bar. Ces espèces devaient être frappées aux coins des deux princes (revoir les termes de ce traité). Toutefois il est permis de croire qu'il fut frappé pour une somme de .... et non 20.000 florins (revoir l'ordonnance de René II du 19 juillet 1486 prescrivant la fabrication de florins d'or et *d'argent*).

LE FRANC

Le franc d'or, en 1374, représentait la valeur de 10 à 12 francs de notre époque (v. Servais, Ann., I, 295).

En 1390, le franc barrois valait 12 gros (V. Servais, Ann., II, 168).

En 1377, vj^{xx} franz valent vj^{xx} livres (A. Jacob, 20 mars 1874, extrait d'un compte de Jean Henry, prévôt de Gondrecourt).

En septembre 1420 : « Il dependit par le temps de ce présent compte toutes monnoyes avalues a fran piece pour vingt solz tournois et le gros pour vingt deniers telle monnoye » (compte de Colet Ricard).

L'usage de compter en francs barrois, introduit vers le milieu du xve siècle, fut aboli dans Bar et on y accepta qu'à partir du 1er janvier 1691 les recettes et les dépenses communales ne seraient plus relevées ou libellées qu'en sols et livres, monnaie de France (Bellot, 39).

Dans un acte de 1593 il est dit : « Octo solidi seu asses parisienses efficiunt libram monetae virdunensis. Hinc trecentae librae ad fortem monetam, scilicet parisiensem, efficiunt quingentos francos monetae Barrensis, et mille franci monetae Barrensis efficiunt sexcentas libras fortis monetae » (Clouet, 278).

Le franc barrois avait une valeur assez considérable au xive siècle. Philippon, bourgeois de Saint-Mihiel, fut condamné à une amende « pour grosses paroles dites contre le Duc ». Le receveur général Humbelet de Gondrecourt composa avec lui pour 45 francs, somme considérable si on la compare avec le prix du port d'une lettre par messager jusqu'à Étain, qui était de 4, 5 et 6 sous, à travers mille dangers. Des chevaux pris sur les Bretons n'étaient vendus que 2 f. pièce ; 3 jeunes vaches coûtèrent 5 d. 2 gros (Dumont, *Hist. de Saint-Mihiel*, 1 vol., p. 101).

De 1400 à 1500,

Le muid de blé.............. valait 2 à 3 f.

Le boisseau................ — 1 gros (19 litres 30 centilitres).

La journée d'un manœuvre..... — 6 blancs??

Celle d'un maçon............ — 1 gros.

Une vache.................. — 2 à 3 f.

Un mouton................. — 15 sous.

Le loyer d'un cheval par jour... — 4 gros.

La queue................ contenait 3 muids.

Le muid................. — 16 septiers.

Le septier.............. — 4 quartes ou 2 boisseaux.

Le boisseau............. — 8 poignets.

Le poignet............. — 2 pintes.

Le franc barrois............ valait 12 gros.

Le gros.................. — 4 blancs.

Le blanc................. — 4 deniers.

Le denier................ — 2 oboles.

L'obole ou maille............ — 2 pites.

d'où

Le franc =	12 gros,	48 blans,	192 deniers,	384 oboles,	768 pites.
Le gros =	4 —	16 —	32 —	64 —	
Le blanc =		4 —	8 —	16 —	
Le denier=			2 —	4 —	
L'obole =				2 —	

1314. — La livre de petits tournois valait un franc barrois (Wassebourg, f° cccciv).

1300. — Le franc barrois valait 12 gros ou 20 sols vieux.

1419. — Deux vieux francs à cheval sont vendus à Bar 4 francs par un orfèvre pour en employer l'or à dorer un tranchoir et une salière d'argent au duc de Bar (compte de Colet Ricart).

La livre de sucre se vendait alors 1 f. 1 gros.

Le marc d'argent se vendait 2 f. 1/2.

Le muid de froment valait à Bar 5 f., le muid d'avoine 2 f. 1/2.

Le vin valait 6 f. la queue ou les 2 pièces.

En 1495, une vigne de la contenance de 25 verges, située sur le territoire de Bar, contrée de Vaux-Suriotte, est vendue moyennant 12 francs 1/2 ; il s'agit sans doute ici de francs d'or.

LE FRANC BARROIS

MONNAIE DE COMPTE

Cette monnaie de compte, qui apparaît vers le milieu du XVe siècle, a souvent varié de valeur.

En 1640, 7 francs barrois représentent exactement 3 livres de Lorraine d'où 1 franc barrois valait à cette époque 8 s. 6 d. 6/7.

En 1737, 100 f. barrois = 42 l. 17 s. 6 d. tournois, d'où 1 franc barrois valait encore 8 s. 6 d. 6/7.

C'est la valeur que lui donne Durival dans sa *Description du Barrois et de la Lorraine,* édon de 1778, t. I, p. 328. — D. Calmet (édon 1728) dit que « le franc barrois vaut huit sols et demi de France à quelques fractions près ».

Pour convertir une somme de francs barrois de monnaie de Lorraine il suffit de la multiplier par 3 et de diviser le résultat par 7.

Au temps de René Ier le franc barrois devint une monnaie de compte ; son usage devint si général que partout dans le Barrois, dans la Lorraine, dans les Trois-Évêchés, on ne stipulait dans les actes publics, dans les édits, les testaments, les transactions entre particuliers, qu'en francs barrois.

Un tarif de réduction des monnaies de France imprimé à Nancy vers 1778, chez Leclerc, dit qu'à cette époque le franc barrois valait 8 s. 6 d. 24/28 tournois ; suivant ce tarif :

100 f. barrois....... valent　42 l. 17 s. 1 d. 20/28 tournois.

100 l. tournois......　—　233 f. barrois 4 gros.

100 l. de Lorraine...　—　77 l. 8 s. 20/31 argent de France.

100 l. de France....　—　129 l. 3 s. 4 d. de Lorraine.

100 f. barrois ......　—　33 l. 3 s. 7 d. argent de France.

1 f. barrois..............　=　8 s. 4 d. 24/28 tournois.

1 l. tournois ....|..　=　2 f. barrois 4 gros.

1 l. de Lorraine.........　=　15 s. 5 d. 25/31 argent de France.

1 l. de France ....　=　1 l. 5 s. 10 d. de Lorraine.

1 f. barrois..............　=　6 s. 7 d. 137/217 argent de France.

« Requiert ledit Commis général luy estre passée la somme de Milz libvres (?) vallans seize cents soixante et huit francs quattre gros pour la somme de cent milz francs qu'il a faict voiturer à Nancy, pour la conduitte et sécurité duquel ledit Commis a pris le prevost dudit Barrois accompagné de vingt de ses archers par ordonnance de Mgr l'Intendant » (1634, Arc. de la Meuse, B, f⁰ 598, f⁰ 22 r⁰).

« Monnoye barrois payée aux héritiers des sieurs et dame de Biscavatz (à cause d'elle) et de Marainville leur frère et beau-frère pour le valleur de 950 libvres tournois a raison de deux francs barrois chascune » (1644, B, 653, f⁰ 121).

La livre tournois vaut alors 2 f. 04, d'où le franc barrois 1 f. 02.

1700. — Ordre du duc de Lorraine prescrivant de payer aux religieux de Jandeures 56 f. barrois faisant 24 l. tournois (Cart. de Jandeures).

LE GROS

Le 13 octobre 1390, Robert prescrit au prévôt de Foug de recevoir 30 blancs pour une livre, 5 blancs pour 2 gros, dont 12 alors valaient 1 franc (V. Servais, Ann., II, 168).

En 1330, le gros tournois à j O avait cours pour xij d. la pièce (compte de Collet Thieffant, B, 674).

En 1321, 1 livres receus des lombarts de Condey en gros pour xv deniers la pièce (recette de Saint-Mihiel).

En 1417, le gros messin avait la même valeur que le gros de France : il en fallait 14 pour un écu d'or (Coll. lorr., 353, 19). Jean de Vin-

cent disait que la livre parisis valait en monnaie du Barrois
25 gros.

En 1356, 2 livres de figues achetées à Saint-Mihiel coûtèrent un
gros tournois ou 2 sous (compte de Jean de Flirey).

Le gros était, avant la fabrication des testons de Lorraine, la principale des monnaies d'argent du pays. Au XIVᵉ siècle, les gros étaient
de 64 au marc et valaient la douzième partie d'un franc ou de 20 sous.
Dans le cours des XVᵉ et XVIᵉ siècles, les 12 gros ou le franc furent
réduits à 20 sols parisis faisant 25 sols de petits tournois; ils furent
alors estimés 16 d. la pièce.

En 1419, le gros valait à Bar 20 d. tournois.

La livre de cire valait alors de 5 gros 5 d. à 6 gros et demi.

En 1420, une poule valait à Bar 2 gros (compte de Colet Ricard).

Un chapon valait à Bar 4 gros (compte de Colet Ricard).

En 1434, 12 gros lorrains valaient 1 franc.

En 1347-1349, le vieux gros valaient 15 deniers de la monnaie de
Bar (B, 1957).

LE HEAUME

Le 27 août 1373, Robert autorise la fabrication dans ses monnaies
d'espèces d'argent fin, dites heaulmes ou blancs deniers, à son nom et
à ses armes.

LA MAILLE

En 1258, Thibaut II, comte de Bar, met à assises et à franchises les
hommes taillables de Sommeilles à la condition que... « les brebis,
chèvres et porcs surannés payeront une maille ». Ces lettres furent con-
firmées en 1259 par Henri, et en 1360 par Robert.

La maille, petite monnaie française en cuivre, valait la moitié d'un
denier. Il faut donc distinguer cette monnaie de minime valeur des
mailles d'argent frappées sous Philippe IV en 1303.

1338. — Titre de l'abbaye de Jandeures par lequel il était dû aux
religieux 3 mailles pour le cens de deux pièces de terre sises à Ville-
sur-Saulx.

LE NANTOIS

Dans le pouillé de Toul de 1402, il est fait mention d'une monnaie appelée nantoix dont M. Lepage, malgré toutes ses recherches, ne retrouve qu'une seule mention en 1301, dans un acte par lequel un certain Mathieu de Charmes, écuyer, reconnaît devoir au duc Ferry 48 livres de nantoix qu'il avait reçues de ce prince à titre de prêt (Trésor des Chartes, layette Charmes, n° 13). Il est à croire que cette monnaie, comme le franc barrois, n'était autre chose qu'une monnaie de compte.

Une ordonnance de saint Louis de novembre 1265 ne permit de cours qu'aux tournois, aux parisis, aux loevesiens, aux nantois, à l'écu, aux angevins et aux esterlings; il décria les autres espèces. Il fallait 15 nantois pour un sol.

Une ordonnance du comte Guy, donnée à Gand, le jeudi après la Pentecôte, 11 juin 1299, dit : « Personne ne sera assez hardi pour prendre le gros tournois pour plus de seize deniers, monnaie de Flandres, et le denier d'or pour vingt-cinq sols, le sixain de France pour six deniers et maille, le vieux parisis pour trois mailles, le noir tournois pour un denier; le nantois et le nantemitois pour ce qu'ils valent ; et ceux qui le prendront autrement seront à l'amende de cinquante livres » (*Revue numismatique*, 1837, 213).

On ne saurait s'arrêter un seul instant à l'idée que l'expression *nantoix* puisse désigner la monnaie de Nancy. Ce que l'on sait de la numismatique lorraine à cette époque et des textes où il est fait mention d'espèces frappées par les ducs ne permet point d'admettre une telle supposition. Il serait également inutile de rechercher le rapport qui existerait entre le mot *nantoix* et le radical celtique *nant* dont dérivent les noms de plusieurs localités.

Il ne peut exister le moindre doute sur la correction du mot *nantoix*; il n'y a pas eu erreur de la part du copiste. Le manuscrit de la bibl. de Bar (fonds Servais, n° 11), transcrit vers le milieu du xve siècle par Jérôme Garnier, clerc de Toul, reproduit la mention *nantoix* qui me paraît désigner, tout comme le *franc barrois*, une monnaie de compte.

On ne peut admettre qu'il soit question de la monnaie de Nantes émise au temps de Jean le Roux, duc de Bretagne (1237-1286), qui eut, il est vrai, un cours très répandu et dont il est parlé dans l'ordonnance de 1265 rendue par saint Louis.

Dans une ordonnance du comte Guy, donnée à Gand le jeudi après la Pentecôte, 11 juin 1299, il est dit : « ..... »

En 1301, un certain Mathieu de Charmes, écuyer, reconnaît devoir au duc Ferry : « ..... »

Une ordonnance des échevins de Metz, du 13 février 1384, confirmée par une autre du 10 août 1394, fixe ainsi la valeur du nantoix : « ung boin nantoix pour 15 angevins » (H^r de Metz, IV, p. 351 et 454).

Enfin, en 1527-28, il est dit dans le compte de Mengin de Saulsure, seigneur de Dammartin, prévôt gruyer et receveur de Bouanville, que les vignes de Saint-Baussant doivent annuellement 3 sous nantois « et vault le sol nantois 2 blancs, monnoie de ce compte » (B, 1577).

(Rechercher dans la charte d'aff^t de Beauzée à la loi de Beaumont.)

Le type primitif de cette monnaie doit appartenir à Jean I de Brabant (1261-1294). Il a été très employé dans la Gueldre, le Limbourg, à Herstal, à Heinsbourg, mais sur la monnaie de Mousson la croix double n'existe pas.

Jean le Roux, duc de Bretagne (1237-1286), frappe le nantois à l'escu dont parle l'ordonnance de saint Louis de 1265 : « Et commande, pour ce que le pueple cuide qui ne soit mie assez de monoie de tournois et de parisis, que l'on prangne nantois à l'écu et angevins quinze pour douze tournois ; et mançois un pour deux angevins ; et estellins, un pour quatre tournois : et veut que icelles monoyes queurent ainsi par sa terre par tel prix, devant dit comme il ly plaira... » (*Rec. des ord. des rois de France*, t. I, page 94).

L'OBOLE

L'obole ou maille valait la moitié d'un denier. Il fallait deux pites pour une obole.

LE PALEFROI

Monnaie au type du cavalier.

« x lb fors viez en xx lb monnoie fleve le *pallefroy* piece pour ij s⁵ receus de maistre Thomas le monnoier » (comptes d'Aubriet, gruyer *de la contée*, de 1347 à 1348, passage se rapportant à l'année 1346, d'après ce qui précède (B, 797, fᵒ 1, l. 10. — Jacob, 14 juillet 74).

1184, 1ᵉʳ juin. — Geoffroy du Châtel, seigneur de Château-Porcien, d'accord avec ses frères et sa femme, approuve un accord passé entre les abbayes de Mouzon et de La Valroy, au sujet de Tin, et reçoit, en retour, de Tin, 10 livres rémoises, et de La Valroy un palefroi valant 60 sous (cart. de la Valroy, fᵒ 51). Il ne peut être question ici que d'un palefroi-coursier de haut prix et non d'une monnaie.

LA PLAQUE

La plaque était reçue en 1353 et 1354 dans la prévôté de la Chaussée, et sans doute aussi dans tout le Barrois, pour trois deniers (3 *doubles* ?) tournois vieux, valant, en monnaie du pays, 12 deniers ou un sou (V. Servais, Ann., I, 12). Remarquons qu'à cette époque la monnaie de Saint-Mihiel valait 50 % de moins.

Dans le compte de Willermet, prévôt de la Chaussée, 1349-1352, il est dit : « xiij s. iiij d. tournois bonne monnoie pour le sens dou Pilant que Granddos tenoit en xx plaques pour le terme de la Saint-Remei, lan de l ; c'est la plaque viij d. » (B, 1627 ; fᵒ 7, lig. 10).

« Item de la main lou curei haieran lxx s⁵ en vjˣˣ t. xvj plaques que j aultre varles con appelloit Gaujan lui avoit mandée » (comptes de Jennepon Flabaix, prévôt d'Étain, 1353-1354. — Jacob, 3 avril 74).

1356. — Le mercredi de la Saint Michel, il fut acheté à Escey, par Pollequin, de la chair pour les oseaux. Ces plaques valant ledit jour 2 s. 6 d. (chapitre de commune dépense faite par Henri de Bar en son hôtel, à Monsard), soit 5 d. la plaque.

1356. — 4 bichets de pois achetés à 8 plaques le bichet, pour l'approvisionnement de l'hôtel de Monsard, coûtèrent 13 s. 4 d., monnaie de Metz; 2 bichets de pois, envoyés à Pierrefort, coûtèrent 14 doubles ou 5 s. 10 d. monnaie de Metz (Jean de Flirey), soit 5 d. la plaque.

Il a été frappé, sous le règne de Charles VII, des plaques d'argent à l'imitation de celles que les ducs de Bourgogne faisaient frapper dans les Pays-Bas; elles pesaient 68 ou 69 grains.

1355. — « xxxxˣˣ plaques qui valent en monoie de Mes xiij s. viij d. » (compte de Messire Jean, receveur d'Henri de Bar, seigneur de Pierrefort, B, 1509). [Inexact.]

$$80 \text{ p.} = 13 \text{ s. } 8 \text{ d.} = 164 \text{ d.}$$

$$\text{d'où} \quad 1 \text{ p.} = \frac{164}{80} = 2 \text{ d.}$$

1349. — Paye 45 s. tournois en 60 plaques, pour reliage de vaisseaux à Troynon, en vendanges de 1349, Willermet, prévôt de la Chaussée.

LE SOU

« x sous tournois pour le sens dou dit Pilant en xx sous monoie de Saint-Mihiel, pour le terme de la Saint-Remei, lan de lj » (compte de Willermet, prévôt de la Chaussée, 1349-1352, B, 1627, fᵒ 7).

D'où il résulte que le sou tournois valait deux sous barrois. C'est ce que confirme le passage suivant, extrait du compte de Willermet, prévôt de la Chaussée, 1349-1352, où il est dit : « En 1351, 75 sous tournois en 7 livres 10 sous monnoie de Saint-Mihiel paies ad dis chenoines à la Saint-Remei, lan de cinquante et un » (B, 1627, fᵒ 26 rᵒ, l. 6), d'où 20 sous barrois valaient à cette époque une livre barroise.

« Au mestre de Liney qui vint pandre ledit vallet ij escus et demei..... 1 s. »

« D'un vallet de Sandron qui blamat la monnoie de Mons en disant quelle ne valoit mie un bouton. Tout a droit en receust le prévos iij escus..... lx s. (V. Servais, compte de Joffroy de la Porte, prévôt de Gondrecourt, 1355-1358).

En 1340, x sous toulois valent de flave monoie xxx sous (Jacob, 10 janvier 1874. — Compte de Jehan de Frasne, prévôt de la Marche, et de Troynon (?), 1340-1351), B, 2398). Ce compte est tenu en deux monnaies différentes, la forte et la flave.

En 1325, 80 poules valaient, à Étain, 40 sols.

LE TOURNOIS

10 mai 1375. — « Jehan de Sarrebruch, seigneur de Commercy et de Roussi, admodie et octroye aux habitants de Saulx en Barrois l'usance de son bois dit le *Chanois*, moyennant redevance et s'il y avait défaut de délivrance ; ils devront payer, dit ce seigneur, par chacun jour qu'ils laisseront le payement sous eux requerir les dites octaves passées, *cinq sous de petit tournois à la clef* d'amende » (charte de Saulx-en-Barrois).

Toutes les donations ordonnées par le testament d'Édouard III, 7 octobre 1415, sont spécifiées en livres et sols tournois (D. C., III, pr., p. 180).

En 1397, les habitants de Lérouville, pour obtenir décharge de la servitude du guet et garde du château de Commercy, s'obligèrent de payer au seigneur, par chaque ménage, une redevance de quatre gros tournois; le gros compte pour vingt deniers (Notice, I, p. 642).

20 octobre 1386. — Dans son testament, Charles de Bar, fils de Robert, charge ses exécuteurs testamentaires de donner, le jour de son obit, à chacune des églises de Saint-Pierre de Bar et de N.-D. de Bar-la-Ville, quarante soz tournois, monnoie du lieu (D. C., II, pr., 668).

13 avril 1358. — Dans le traité conclu entre Yolande de Flandre, Robert, duc de Bar, et Venceslas de Luxembourg, contre l'évêque et la ville de Verdun, il est dit : « qui prendra vilain ou homme de condition, il en aura cinq sol tournois et non plus » (D. C. 1728, t. II, pr., p. 630).

ANGEVINE de Metz (Saulcy, 18), 1326. Le denier de Metz valait en 1363 cinq angevines.

ANGEVINE à la cleif ou Bourgoize (Saulcy, 21), 1338. Sans doute les petits deniers bourgeois de Philippe IV.

AILLET, AILLOT. — Monnaie infime, pite ou obole, dont il est fait mention dans les rôles des cens de Domptaillé (Notice de Lorraine). En 1560, on paie quatre *bours* valant six *aillots* à l'abbé de Senones, pour cens à Domptaillé (voir Coincourt, *Dict. de la Meurthe*, II, 740).

AGLOT. — Le sol du seigneur (de Toul) vaut x deniers, un *aglot* (ou aillet) de Lorraine. Les trois *aglots* valent deux deniers.

ALLETIN. — En 1447, on fit de nouvelles monnaies à Metz et fut publié les *alletins* à trois deniers.

JOLLETRUIS (Saulcy, 27), 1378. — « Deux deniers appelés *jolletruis* valroit trois..... onquel jolletruis averoit empraint ung demei Saint-Estenne. »

BÉGUINETTE. — « Maille à 3 den. de loy, de viij solz et de iiij deniers de taille sur le marc de Troies (traité de 1373). Robert, duc de Bar ».

Sans doute de *Beghina* (Monetae minutioris species, in Pacto Tongrensi, anno 1403. Descripto in magno Recordo Leod., p. 45).

HEAUME. — Traite de 1373.

Il n'est pas rare de voir appliquer par le peuple à certaines monnaies le nom du monnayeur qui les fabriquait, ou sous la direction duquel elles étaient fabriquées.

NIQUET. — Vers   , Nicolas, maître de la monnaie de Paris.

BAUDEQUIN ou BAUDEKAIN. — Vers   , par Baudoin en Flandres, XIIIe siècle.

CLAYSQUIN. — Vers   , Clays Dekain en Flandres, XIIIe siècle.

CORNU.

POILEVILAIN. — En 1354, Poilevilain (Jehan).

L'angrogne en engrogne était une petite monnaie de billon émise dans les ateliers des ducs de Bourgogne ; son existence est signalée par Dom Grappin dès l'année 1279 : cette monnaie est la même que l'ancerna ; elle cessa d'avoir cours vers la fin du XVIe siècle.

Moneta angrogine, 33/34 gr.

Ancerna de Auxonna.

Dans l'ancien langage, ancerner, anserner et engrogner ont la même signification, la valeur du mot latin *circumdare*, et pouvaient en effet convenir pour désigner une monnaie courante.

PONSCARME, GRAVEUR EN MÉDAILLES
(1827-1903)

Né dans les Vosges, à Belmont-les-Monthureux, François-Joseph-Hubert PONSCARME vient de mourir, âgé de 76 ans, à Malakoff (Seine). Élève d'Oudiné, de Vauthier et de Dumont, il acquit rapidement sa renommée d'artiste : en 1859, il obtient une médaille de 3ᵉ classe, rappelée en 1861 et en 1863; en 1867, une médaille de 1ʳᵉ classe, à l'Exposition universelle; il est nommé chevalier de la Légion d'honneur la même année et obtient, à l'Exposition de 1878, un rappel de la médaille de 1ʳᵉ classe.

Ponscarme a gravé fréquemment, avec beaucoup de finesse, des sujets allégoriques et de nombreux portraits de contemporains : médaille de l'Exposition de 1867, médaille de Louis Blanc, celles offertes à Jules Ferry par ses amis, à M. Méline par les agriculteurs après le vote des tarifs douaniers, médailles des Forêts, des Douanes, les monnaies de la Principauté de Monaco, etc. Il est l'auteur de la médaille uniface d'Edgar Quinet dont nous donnons ci-dessous le dessin, en l'accompagnant d'un article curieux que nous extrayons du *Journal*.

« En 1871, alors que Paris voyait éclore un funeste printemps de guerre civile, et que les gazons de la banlieue se parsemaient de plus d'obus que de pâquerettes, le maître graveur Ponscarme, déjà profes-

seur à l'École des Beaux-Arts, s'occupait de la plus noble et de la plus
intelligente façon. Il réussissait, d'une part, à sauver la vie de son
camarade Lançon, l'original et doux artiste, qui voyait surtout, dans
la politique, des sujets d'eaux-fortes, et s'était fourvoyé dans la Commune un peu comme M. Jourdain faisait de la prose, sans le savoir.
D'autre part, Ponscarme exécutait la médaille de Quinet, et ajoutait
un chef-d'œuvre de plus à la galerie sans prix de ses portraits.

« Edgar Quinet avait alors soixante-six ans. C'était un grand vieillard,
pittoresque, austère, simple et d'une élégance presque ecclésiastique. Il
ressemblait, si j'ose dire, à un évêque démissionnaire. Ses longs cheveux, son profil aux lignes énergiques, ses joues grasses, mais modelées
à ravir, l'aisance de ses gestes, l'éloquence onctueuse de sa conversation,
et plus encore sa grande réputation de penseur et d'écrivain, tout cela
avait séduit Ponscarme qui travaillait d'arrache-pied — pour le plaisir,
avec l'entrain de l'artiste qui rencontre le modèle rêvé.

« Ponscarme arrivait le matin, à l'hôtel des Réservoirs, à Versailles,
et dès que Quinet le voyait paraître :

« — Ah ! disait-il, il est certainement onze heures, M. Ponscarme
est l'exactitude même !

« Edgar Quinet aimait la ponctualité, et avait le bon goût de priser
chez autrui cette qualité pour lui toute constitutionnelle. L'auteur
d'*Ahasvérus* se montrait tout entier dans cette réflexion de forme bour-
geoise : c'est bien, en effet, un écrivain d'exactitude, de coordination,
de lyrisme géométrique, et se refusant d'instinct, aux coups d'ailes
trop démesurés.

« L'histoire de sa médaille est assez curieuse. Ponscarme l'exécutait
avec une probité absolue : il trouvait, je l'ai dit, son modèle superbe et
aurait cru faire une hérésie en n'en rendant pas la ressemblance parfaite. Quinet, d'ailleurs, posait avec une docilité de jolie femme ; il ne
bougeait guère, parlait de la Commune avec mansuétude, et son
masque aux larges plans prenait ainsi le caractère de gravité sacerdotale
qui lui allait si bien. Mais Mme Quinet surveillait l'œuvre. Elle en
était plutôt mécontente. Elle trouvait le portrait trop réussi.

« — Vous ne rajeunissez pas assez mon mari, disait-elle à Ponscarme.

« Madame, répondait l'artiste, le génie a le privilège d'une éternelle
jeunesse.

« La première fois, Mme Quinet ne trouva rien à répliquer. Mais elle revint à la charge. Et Ponscarme, impatienté, avec cette grâce de lion sans griffes qui le caractérise, et sa fine moquerie de Vosgien, dit alors :

« — Mais, Madame, vous vous souvenez trop de 1848 !

« Il termina sa médaille, et la garda pour lui, au grand désespoir de Louis Blanc, qui ne comprenait rien à une pareille réserve.

« C'est une œuvre merveilleuse, de facture large et fine, et qui a, pour tous les amateurs de médaille, un autre mérite de rareté que d'être unique : c'est qu'elle appartient à la deuxième manière de Ponscarme, alors qu'il tentait la révolution qu'il a si brillamment accomplie depuis. Le modelé est d'une puissance, d'une franchise parfaites, mais les reliefs ne sont pas exagérés — ils sont, au contraire, atténués, et l'on devine, en analysant ce portrait de Quinet, les chefs-d'œuvre futurs de Ponscarme, que l'on peut voir au musée Galliera, et qui resteront à jamais inégalables.

« La médaille de Quinet est sans revers, naturellement. C'est une singulière fortune, et un paradoxal démenti au proverbe connu. Cela ne peut durer ainsi, et je pense que le Comité du centenaire d'Edgar Quinet, en utilisant le précieux document dû au talent de Ponscarme, le complétera par un revers dont la formule est toute indiquée : la liste des membres du Comité — ou, si ces messieurs sont trop modestes pour accepter d'aller ainsi à l'immortalité — une énumération des œuvres de l'écrivain fêté. Et qui empêcherait, dans les écoles de France — notamment dans celle qui porte le nom d'Edgar Quinet — de donner en prix, aux jeunes élèves, un exemplaire du portrait d'un philosophe qui aima l'enseignement ? Une œuvre d'art vaut bien le livre banal, même doré sur tranches. Il y aurait là l'initiative d'une mesure féconde pour l'éducation artistique de la jeunesse française, en même temps qu'un hommage perpétuel rendu à un grand homme. »

De Ponscarme aussi, la médaille de l'académicien Naudet (1867), qui marque dans l'histoire de la glyptique une date décisive : pour la première fois, le graveur modelait souplement son sujet, sur un fond rendu mat, obtenant ainsi une unité et une harmonie parfaites, et remplaçait par des lettres appropriées au caractère intime de la médaille, les compositions typographiques vulgaires utilisées jusqu'alors : innovations heureuses dont a bénéficié la médaille moderne.

UNE ERREUR DE GRAVEUR

On sait que, par suite d'une erreur, le graveur des coins de l'atelier de Perpignan a mis sur les *écus de six livres*, frappés en 1786, l'indications LVD.XI au lieu de LVD.XVI [1].

Nous signalons aujourd'hui une erreur du même genre et dans le même règne. Nous avons entre les mains une *pièce de 12 sols*, frappée à Paris en 1786, portant le différent du directeur Dupeyron de la Coste (une grue), et présentant en légende : LUD.XV, au lieu de LUD.XVI.

La pièce est dans un très bon état de conservation et rien ne peut laisser supposer un grattage de la lettre absente.

REVUE DES REVUES

Gazette numismatique française, dirigée par M. Fernand Mazerolle. — 3ᵉ livraison 1902.

F. Mazerolle. *Georges Dupré. Biographie et catalogue de son œuvre.*

Vᵗᵉ B. de Jonghe. *Un franc à cheval d'or énigmatique.*

Dʳ R. Lacronique. *Étude historique sur les médailles et jetons de l'Académie royale de chirurgie (1731-93).*

A. Evrart de Fayolle. *Médailles et jetons municipaux de Bordeaux.*

H. Denise. *La discussion de la loi de Germinal an XI.*

E. Levasseur. *Mémoire sur les monnaies du règne de François Iᵉʳ* (Compte rendu par H. Denise).

Périodiques. — Nouvelles diverses.

Revue numismatique, dirigée par MM. A. de Barthélemy, G. Schlumberger, E. Babelon. Secrétaire de la rédaction : M. A. Dieudonné. — 4ᵉ série. Tome 7ᵉ, 1ᵉʳ trimestre 1903.

Mowat (R.). *Les médaillons grecs du Trésor de Tarse et les monnaies de bronze de la Communauté macédonienne.*

Tacchella (D.-E.). *Cinq rois des Gètes.*

— *Monnaies d'argent autonomes d'Apollonia de Thrace.*

Foville (J. de). *Médaillons romains acquis par le Cabinet des médailles.*

Sambon (A.). *Monnaies inédites de l'Italie antique.*

---

[1] A. Engel et Raymond Serrure, *Traité de numismatique moderne et contemporaine,* Iᵉ partie, p. 39.

Mowat (R.). *Ordonnance du 2 juillet 1816 sur le poinçonnage des écus français de six livres à tranche feuillagée.*

Chronique. — Nécrologie. — Bulletin bibliographique. — Périodiques. — Procès-verbaux de la Société française de numismatique.

Bulletin international de Numismatique, dirigé par M. Adrien Blanchet.

— Tome 2ᵉ, n° 1.

Tacchella (D.-E.). *Un tétradrachme du roi Cavarus.*

Blanchet (Adrien). *Monnaie d'alliance de Naucratis et d'Alexandrie d'Égypte.*

Bibliographie numismatique en Hongrie, pour 1902.

Trouvailles. — Sociétés. — Musées. — Nouvelles diverses. — Questions. — Bibliographie.

Berliner Münzblätter, begrundet von Adolph Weyl. NEUE FOLGE, herausgegeben von Emil Bahrfeldt.

— N° 15. Mars 1903.

Drei Fettmännchen von s'Heerenberg, von A. Noss.

Der Hacksilberfund von Alexanderhof, von Em. Bahrfeldt.

Erdichtete medaillen, von F. Friedensburg.

Münzen der Stadt Lübeck, von Heinr. Behrens.

Friedrichs des Grossen Banko-, Albertus- und Levantiner-thaler, von Em. Bahrfeldt.

Numismatische Gesellschaft zu Berlin.

— N° 16. Avril 1903.

Erdichtete medaillen, von F. Friedensburg.

Ein Dickthaler Georg Wilhelms von Brandenburg, von Em. Bahrfeldt.

Drei Fettmännchen von s'Heerenberg, von A. Noss.

Münzen und medaillen von Stadt Rostock, von Ed. Grimm.

Der Goldgulden Wilhelms von Fürstemberg in der Danziger Gymnasialsammlung, von Dʳ Barchardt.

Numismatische Gesellschaft zu Berlin.

— N° 17. Mai 1903.

Ein Reichsort Joachims II von Brandenburg von Jahre 1552, von Dʳ Julius Cahn.

Die Legende der französischen münzen von 1804 bis 1809, F Strauch.

Der Hacksilberfund von Alexandarhof, von Em. Bahrfeldt..

Berliner medaillen I, von C. v. Kühlewein.

Münzen der stadt Lübeck, von Heinr. Behrens.

Numismatische Gesellschaft zu Berlin.

Frankfurter Münzzeitung, von Paul Joseph.

— N° 27. Mars 1903.

Rheinisch-westfälische Seltenheiten aus dem Aachener Funde, von P. J.

Die münzen der Herrschaft Almelo, von J. W. Stephanik.

Beitrag zur Geschichte der « kleinen kipperzeit », von C. F. Gebert-Nürnberg.

Noch einmal das « Finis Germaniae » Fünffrankenstück, von P. J.

— N° 28. April 1903.

Rheinisch-westfälische Seltenheiten aus dem Aachener Funde, von P. J.

Eine pfennigprüfung im mittelalterlichen Drama, von Dr Ed. Schröder.
Uber einige Munzmeister in dem Bericht des fränkischen General-Wardeins P. P. Mezger. von P. J.
Die neue französische Gutenberg-medaille.
Die Wiener Papst-Jubiläums-medaille.

— N° 29. Mai 1903.

Die niederländischen und belgischen Münzen des Aachener Funde, von P. J.
Zwei Schaumünzen der Grafen von Zimmern, von P. J.
Die Numismatik auf dem Historichen Hongress in Rom, von Q. Perini.
Der Münzmeister J. R. Arnoldi, von C. Kaufmann.
Nicht Gersau, von P. J.

Monatsblatt der numismatischen Gesellschaft in Wien.

— N° 235. Février 1903.

Uber medaillen und Raitpfennige aus der Zeit Kaiser Ferdinands I.
Rückgang des Lateinischen im Osten des römischen Reiches.
Jahresversammlung der Numismatischen Gesellschaft am 21 Jänner 1903.
Aus der vorstandssitzung von 4 februar 1903.

— N° 236. Mars 1903.

Rückgang des Lateinischen im Osten des romischen Reiches.
Die Legenden der Reichsmünzstätte Antiochia.
Jubilaümsgeschenk des kaisers Franz Joseph I an den Papst Leo XIII.
Ordentliche versammlung der Numismatischen Gesellschaft am 18 februar 1903.
Aus der vorstandssitzung vom 4 märz 1903.

— N° 237. Avril 1903.

Die jüdischen Münzen bis zum ersten Aufstande unter kaiser Nero (66 n. Chr.).
Munzenfund in Szalafö bei St. Gotthard.
Exkursion nach Carnuntum.
Ordentliche versammlung der Numismatischen Gesellschaft am 18 märz 1903.
Aus der vorstandssitzung vom 1 April 1903.

Blätter für Münzfreunde, von Dr H. Buchenau.

— N° 2. 1903.

Die Herkunft des Münznamens « Rappen », Ed. Schröder.
Einige Nachträge und Berichtigungen zur Lœwenstein-Wertheim'schen Münzkunde, Dr F. Wibel.

— N° 3. 1903.

Zur mittelalterlichen Münzkunde von Batenburg-Anholt und Limburg a. Lenne, H. B.
Zwei Hohlmünzen der Grafen von Beichlingen und der Burggrafen von Kirchberg, von H. Buchenau.
Einige Nachträge und Berichtigungen zur Lœwenstein-Wertheim'schen Münzkunde, Dr F. Wibel.
Die Medaillen Caspars von Lindegg und seiner Frau Cordula geborne Niesserin.

— N° 4. 1903.

Die Gussform einer Laurentiusmedaille, V. B.

Der Brekteatenfund von Niederkaufungen, von H. Buchenau.

Zwei Hohlmünzen der Grafen von Beichlingen und der Burggrafen von Kirchberg, von H. Buchenau.

O **Archeologo português**, publicada pelo Museu ethnologico português.

— N° 12. Décembre 1902.

Contos para contar, M. J. de Campos.
Um inventario do seculo XIV, P. A. de Azevedo.
Trituradores de Pedra, Celestino Beça.
Pelos jornaes, P. A. de Azevedo.
Mosaïcos romanos de Portugal, J. Martin.
Extractos archeologicos das « Memorias parochiaes » P. A. de Azevedo.

— N° 1. Janvier 1903.

Statues lusitaniennes de style primitif, P. Paris.
Mœda falsa de D. Henrique, M. J. de Campos.
Memoria topographica da antiga Lisboa, J. d'Ascensão Valdez.
Cidade velha de Santa Luzia, J. L. de V.
Numismatica portugueza, F. Braga.
Dois machados de bronze, F. A. Pereira.

Numismatic Circular, Spink & Son's monthly.

— Mars 1903.

An unpublished specimen of Brazilian gold bar currency issued by the gold refinery of Villa Rica, 1814, L. F.
Sketches of European continental History and Heraldry for the use of Numismatists, F. C. Higgins.
Biographical notices of medallists, etc. (H.-M. H.), L. F.
La République romaine de 1849, Arnold Robert.
The coins of Italy, Ph. Whiteway.
Coin gleanings, Ph. Whiteway.
Varia, numismatic societies, museums, books, etc.

— Avril 1903.

An unpublished medallion in gold of the emperor Constantine the Great, L. F.
The coins issued by Cicero's friends, A. W. Hands.
Sketches of European continental History, etc. F. C. Higgins.
Une médaille officielle suisse, Arnold Robert.
Biographical notices of medallists, etc. (N. H.-Hagen), L. F.
Queen Victoria's reign, illustrated by copper coins.
Numismatic societies, museums, books, etc.

The Numismatist.

— N° 3. Mars 1903.

A first bronze of Augustus ;- a contorniate coin of Nero, Dr B. P. Wright.
Addenda to Scott's copper coin catalogue of 1893, Daniel F. Howorth.
Disinfecting the coinage, du même.

The Bird money of Peter the Great, Howland Wood.
The American Numismatic association.

— Nº 4. Avril 1903.

The Mark penny, Dr B. P. Wright.
The American Numismatic association.
Thomas L. Elder.

— Nº 5. Mai 1903.

The currency of uncivilized Africa, David Harlows.
With such information as will Render the subjects interesting to collectors, Dr B. P. Wright.
Ships colonies and commerce half-pennies, J. Gibbs.
Mint cornerstone found.
Next to impossible, Farran Zerbe.
There are no golden pennies.
Coins of Bible places.
A traveling coin cabinet.
Notes on some of the addenda io Scott's copper coin catalogue of' 93, D. F. Howorth.
Pelts pass as money.

REVUES NOUVELLES

Numismatikai Közlöny. Cette revue est publiée par la *Magyar Numismatikai Tarsulât,* dont nous avons annoncé la fondation à Budapest, et sous la direction de M. Edmond Gohl. Le premier fascicule a paru à la fin de 1902. M. E. Gohl, dans son introduction, fait un résumé de la culture de la numismatique en Hongrie. M. Wilhelm Trakn présente une étude sur deux médailles des diètes hongroises de Presbourg sous le règne de Ferdinand IV de Sicile et de sa femme l'archiduchesse Caroline. Le Dr Ladislas Rethy fait une communication sur deux monnaies d'or du comté de Corregio et du comté de Batenbourg, au type des ducats hongrois. M. Philippe Kunvary étudie deux splendides monnaies de sa collection. M. E. Gohl décrit une intéressante trouvaille de monnaies celtiques faite en 1901 dans un four, près du Blocksberg.

Le *Numizmatikai Közlöni* paraîtra quatre fois par an.

*
* *

Bollettino di numismatica e di arte della medaglia, publié par le *Circolo numismatico milanese,* date sa fondation du 1er novembre 1902 ;

le premier numéro a paru en janvier dernier. En voici le sommaire :
Avant-propos et statuts de la Société. — Les deux empereurs Maximien Hercule et Galère, d'après leurs monnaies de bronze, par
M. P. Monti. — De Guglielmo Grillo : Monnaies inédites de sa collection, variétés de celles de Gnecchi dans son ouvrage sur les monnaies de Milan. — De Arturo Spigardi : Médailles de l'exposition
d'horticulture de Florence, en 1874. — Liste des membres. — Petites
nouvelles.

BIBLIOGRAPHIE

LACRONIQUE (Dr R.). — *Étude historique sur les médailles et jetons de
l'Académie royale de chirurgie* (1731-1793) (Chalon-sur-Saône 1902).

Tirage à part de la *Gazette numismatique française*, 56 p., 2 pl. —
L'auteur expose les progrès du Collège des chirurgiens de Saint-Côme
depuis 1655 jusqu'en 1731, date à laquelle il est érigé en Société royale
de chirurgie, grâce aux efforts de Mareschal, premier chirurgien du roi
et de son adjoint La Peyronie, premier médecin de Louis XV. Le
Dr Lacronique fait ensuite l'historique de l'Académie, en l'accompagnant de la description documentée d'un certain nombre — malheureusement limité — de jetons et de médailles.

MAZEROLLE (F.). — *Georges Dupré, graveur en médailles ; biographie
et catalogue de son œuvre* (Chalon-sur-Saône, 1902).

Tirage à part de la *Gazette numismatique française*, 13 p., photographie, 1 planche.

Les médailleurs français, du XVe siècle au milieu du XVIIe, 2 vol.
in-4° (Paris, Imprimerie nationale, 1902).

A la date du 1er août 1892, M. Fernand Mazerolle était chargé,
par le ministre de l'Instruction publique, de la publication des *Médailleurs français, du XVe siècle au milieu du XVIIe*, dans la collection des
Documents inédits sur l'Histoire de France, et, dès cette époque, il reprit
le travail considérable entrepris par A. Barre. Celui-ci n'avait publié, en
1867, qu'une *Notice sur les Graveurs généraux des monnaies de France*, et,
n'ayant pu, avant sa mort, survenue en 1878, classer les nombreux

documents qu'il avait réunis sur ses prédécesseurs et sur les médailleurs français antérieurs à la Révolution, cette notice est restée longtemps le seul travail où l'on pût trouver des renseignements précis sur l'histoire de médailleurs. Il n'a été publié, depuis, que des documents ou des études biographiques ne formant qu'une contribution à l'histoire générale des médailleurs français. Le travail de M. Mazerolle a donc, outre son grand mérite documentaire, celui d'être le premier et le plus complet paru jusqu'à ce jour.

Dans son introduction, l'auteur examine les différentes manières de fabriquer les médailles : les médailles furent d'abord fondues ; mais la fonte entraînant à des opérations de ciselure et de retouche, ce procédé fut abandonné bientôt pour celui de la frappe, et le xvᵉ siècle voit le perfectionnement de l'outillage monétaire.

Le premier volume contient les documents les plus importants concernant les médailleurs français et leurs œuvres, classés chronologiquement ; des pièces d'archives relatives à la Monnaie des Étuves et du Moulin, — future Monnaie des Médailles; un complément, *Graveurs de jetons*, qui donne des documents signalant les auteurs de jetons et de méreaux, graveurs de cachets ou de sceaux, et un *Appendice*, où se trouvent les listes des matrices, coins, poinçons fournis aux différents ateliers monétaires de France par les tailleurs généraux et les tailleurs de la Monnaie de Paris et de la Monnaie du Moulin.

Le tome second comprend le catalogue des œuvres attribuées aux différents artistes, ainsi que des médailles dont les auteurs ne sont pas connus.

L'ouvrage est terminé par une *Table des devises* qui constitue à elle seule un travail de bénédictin, les reports étant faits à la fois aux pages, aux documents et au catalogue.

Un album d'environ quarante planches, actuellement en tirage, complétera l'unique ouvrage, vraiment digne de ce nom, sur les *Médailleurs français, du XVᵉ siècle au milieu du XVIIᵉ*.

MÉDAILLES NOUVELLES

M. Lépine vient de faire instituer une médaille dite de police municipale et rurale pour les agents qui auront accompli vingt ans de bons et loyaux services.

— A l'occasion du voyage du Président de la République en Algérie, Roty a gravé une plaquette allégorisant, par un groupe de gracieuses figures féminines, la rencontre de Paris, de Lyon et de la Méditerranée; on y lit la devise *Ferro conjungit* qui est celle de la Compagnie P.-L.-M.

LECTURES

— *La plus remarquable monnaie du monde* est celle qui est en usage dans l'île de Yap, l'une des Carolines. Le diamètre des pièces atteint jusqu'à douze pieds (4 mètres) ; la valeur est en proportion de la dimension ; ce sont des blocs circulaires et plats de pierre calcaire et ils constituent, on le conçoit, le plus difficile des moyens d'échange. Un garçon de recettes aurait besoin de toute une flottille, ou encore d'un fourgon attelé de dix paires de bœufs, pour le transport de ses encaissements ! Il convient de dire, toutefois, que la *monnaie-roue* n'est pour ainsi dire pas déplacée et les grands disques sont conservés en dehors des maisons.

(The Numismatist.)

— *Une singulière monnaie.* On sait que, depuis cent ans, c'est le thaler de Marie-Thérèse, représenté aujourd'hui par celui de Ménélik, qui constitue l'unité monétaire en Abyssinie. Mais, avant 1880, les populations ne connaissaient, en fait de monnaie divisionnaire, que les tablettes de sel. Le souverain eut toutes les peines du monde à faire adopter par ses sujets la nouvelle monnaie qu'il venait de faire frapper à Paris, et encore n'est-ce que dans le Choa que la monnaie d'argent eut cours. Ailleurs, les tablettes de sel gardèrent toute leur valeur... et leur cours, qui variait suivant la production annuelle.

Or, cette antique monnaie tend aujourd'hui, elle-même, à perdre sa puissance. Elle est remplacée par... des cartouches de fusil. Sur les marchés d'Adoua et de Makallé, les marchandises sont livrées contre versement de tant de cartouches, suivant le prix ; on les aligne comme des pièces de monnaie, et les paquets représentent les gros comptes...

— *Un don de M. Baudouin.* Il y a quelques jours, M. le procureur général de la Cour de cassation qui, comme tout jurisconsulte distingué, a l'esprit éminemment fureteur, découvrait, à la Monnaie, les coins des anciens jetons des avocats aux Conseils du Roi, sous Louis XIV (1685) et sous Louis XV (1731). Il a eu aussitôt l'heureuse inspiration d'en faire tirer deux jetons d'argent qu'il vient d'offrir aimablement au Barreau des avocats à la Cour de cassation et au Conseil d'État qui, suivant la tradition, s'intitulent confraternellement : avocats aux conseils.

Ces jetons représentent à l'avers les profils des deux rois, et au revers un soleil que fixe une compagnie d'aigles, avec la devise : *Solis fas cernere solem.* Ce qui veut dire, en bon français : « Il n'y a qu'eux qui peuvent regarder le soleil en face. »

On comprend aisément que les maîtres du premier Barreau de France aient accepté avec reconnaissance ce don qui ne peut que les flatter et les honorer.

— *L'âge de notre monnaie*. Si près de voir reparaître la pièce de 0 fr. 25 en nickel, cette fois, dont on va frapper pour seize millions, rappelons quelques étapes de la fabrication de notre monnaie !

C'est en 1803 que l'on commença, chez nous, à frapper de l'or au régime du système décimal ; on frappa d'abord pour 10.209.840 francs, et, de cette époque à 1900, c'est par 10 milliards que se chiffre la frappe, sur lesquels 105 millions, dont l'ancienne pièce de 5 francs en or, ont été démonétisés.

Quant à la fabrication de la monnaie d'argent, c'est en 1795 qu'elle a commencé par les écus de 5 francs, et, depuis cette date, il fut émis pour 5.580 millions de pièces de cent sous et de monnaie divisionnaire, dont 222.266.000 ont été démonétisés.

Or, parmi cette dernière, se trouvait la pièce de 0 fr. 25 en argent qui va renaître en nickel et qui figurait pour 7.671.101 fr. 25 dans le total des monnaies d'argent ayant cours vers 1860.

Pour ce qui est des types actuels de notre monnaie de bronze, c'est en 1852 qu'ils furent fixés et, avant les nouveaux sous de 1900, il circulait pour 67 millions de pièces de 0 fr. 10 et 0 fr. 05.

La prochaine pièce de 0 fr. 25 en nickel rendra, certes, de grands services, notamment celui d'être moins lourde, et, à valeur égale, plus maniable. De plus, le nickel, s'il n'a pas attendu cette circonstance pour avoir un cours officiel, va se voir érigé étalon monétaire.

Maintenant le public dira s'il n'eût point préféré la création du demi-sou, qui serait si précieux aux mains des ménagères, puisqu'elle supprimerait, par exemple, la déperdition qui vient du « *deux* de cinq sous » ou « *un* de trois sous », généralement défavorable à la petite épargne.

— Plusieurs journaux américains ont répandu le bruit que, l'année dernière, les employés de la Monnaie des États-Unis, en confectionnant les pièces de cuivre d'un sou, avaient par erreur introduit une certaine quantité d'or dans les creusets ; il devait résulter de là une grosse augmentation de valeur de la vulgaire pièce ; il paraît, en effet, qu'il s'en est vendu jusqu'à 25 fr., et ce prix eût probablement augmenté encore si l'administration de la Monnaie n'avait publié l'avis officiel qui mettait terme à la mystification.

DISTINCTIONS HONORIFIQUES

A l'occasion du centenaire de l'installation de l'Académie de France à la Villa Médicis, de l'achèvement des fouilles de Delphes et du 25e anniversaire de la création de l'École française de Rome, ont été promus dans l'ordre de la Légion d'honneur :

Au grade de grand-officier : M. HEUZEY (Louis-Alexandre), conservateur du département des antiquités orientales et de la céramique antique au Musée du Louvre (commandeur du 31 décembre 1895).

Au grade d'officier : M. POTTIER (François-Paul-Edmond), conservateur adjoint du département des antiquités orientales et de la céramique antique au Musée du Louvre, membre de l'Académie des Inscriptions et Belles-Lettres, ancien membre de l'École française d'Athènes (chevalier du 20 janvier 1899) — M. REINACH (Salomon), conservateur des antiquités nationales au Musée de Saint-Germain, membre de l'Académie des Inscriptions et Belles-Lettres, ancien membre de l'École française d'Athènes (chevalier du 29 décembre 1896).

Au grade de chevalier : M. PROU (Jean-Maurice), archiviste paléographe, professeur à l'École nationale des Chartes, ancien membre de l'École française de Rome, 20 ans de services.

Nous présentons nos plus vives et respectueuses félicitations aux nouveaux promus.

———

Recueil d'emblèmes, devises, médailles et figures hiéroglyphiques, par le Sieur Verrier, maître-graveur, à Paris M.DCC.XXIV avec privilège du Roi (*Suite*).

Quem genuit, perdit. Elle donne la mort à sa créature. — Un dauphin que la mer a jeté à terre.

Quod nos alit, nos tradit. Ce qui nous nourrit nous trahit. — Plusieurs poissons que le flux de la mer amène.

Quod citò fit, citò perit. Ce qui vient vite, meurt bientôt. — Un champignon.

Quebrar o alcançar. Ou je serai rompue ou bandée. — Une arbalète d'acier à demi-bandée.

Quebranter locosa fea. Rompre la foi c'est chose honteuse. — Un anneau que deux mains tiennent.

Qui en se me oppone me corona. Les obstacles me couronnent. — Un soleil entouré d'un nuage.

Quæsivit cœlo lucem. Elle monte au ciel pour s'éclaircir. — Une fumée en l'air.

Quid odor sine flore. A quoi sert l'odeur sans fleurs ? — Une plante de genièvre.

Quies inquies. Inquiet dans son repos. — Un fleuve coulant en plusieurs replis.

Quot facies tot ignes. Autant de feux que de faces. — Un diamant taillé à facettes.

Quod palam, hoc clam. Il est au dehors ce qu'il est au dedans. — Un cœur.

Quid timeo. Je ne crains rien. — Un loup, la queue haute.

Quis auferet ? Qui me l'ôtera ? — Un pied de lion tenant un sceptre.

Qui me alit, extinguit. Qui me nourrissait me fait mourir. — Un flambeau renversé qui s'éteint.

Quis evellet ? Qui pourra l'arracher ? — Un pin élevé sur un rocher.

Quocumque sequar. Je le suivrai partout. — Un girasol avec un soleil.

Quærit ut proficiat. Il cherche un lieu pour l'enrichir. — Un essaim d'abeilles.

Quod clausit nemo recludat. Que personne n'ouvre ce qu'elle a enfermé. — Une clef.

Quærit et assequitur. Il court après les lauriers, et il les trouve. — Apollon qui attrape Daphné qui est changée en laurier.

Quocumque ferar. Quelque part que je tombe, je serai toujours debout.

Quà proceres abiere pii. Je vas où la piété a conduit mes ancêtres. — Un chariot enflammé dont le timon va en haut, pour montrer que le chariot monte.

Quò jussa Jovis. Où Jupiter commande. — Un guidon debout.

Quis audet ? Qui osera l'attaquer ? — Un lion au milieu d'un cirque.

Quisquis honos tumuli. Voilà le plus grand honneur de la sépulture. — Un tombeau couvert de fleurs et de larmes.

Quis contra hæc duo ? Qui résistera à ces deux ? — Un bâton de maréchal de France et une masse de chancelier.

Quietum nemo impune lacescat. On se repentira de m'attaquer dans mon repos. — Un chien assis sur ses pieds de derrière.

Rara juvant. Les choses rares sont avantageuses. — Un chêne avec une touffe de gui.

Regit et corrigit. Il conduit et il redresse. — Un mors de cheval.

Rapaces perire juvet. Il est juste que les gourmands périssent. — Une souris dans une souricière.

Respondere, quis poterit ? Qui peut lui répondre ? — Un sphinx.

Robur et decus. Il est fort et beau. — Une branche de corail sortant de l'eau.

Rabie tumescit. Bouffi de colère. — Un coq d'Inde étalant sa queue.

Rectè et citè. Elle va droit et vite. — Une flèche décochée.

Renovata juventus Je me renouvelle. — Un oiseau qui mue.

Reddit quod accipit. Je donne autant que je reçois. — Un miroir ardent exposé au soleil.

Reuovatum nuntiat annum. Il annonce le printemps. — Un rossignol.

Spes proxima. Son désir est sur le point d'être accompli. — Un vaisseau en mer qui arrive à pleines voiles dans le port.

Sibi damna parat. Elle travaille pour sa ruine. — Une chèvre qui est tétée par un jeune loup.

Si serenus illuxerit. Pourvu qu'il soit favorable. — Une montagne chargée d'arbres, avec un soleil au-dessus.

Spes altera vitæ. Nous devons espérer une seconde vie. — Une plante dont la graine retombe sur la terre.

Sin perdida da su luz. Il ne perd rien de sa lumière. — Un flambeau allumé, qui en allume un autre.

Signa fortium. C'est un témoignage de valeur. — Un tombeau sur lequel un aigle est assis.

Sibi parentibusque salutaris. Elle s'en guérit et ses parents. — Une cigogne buvant, ou prenant de l'eau de la mer.

Sic homines edocuit. Elle a enseigné ce remède aux hommes. — Une cigogne buvant et prenant de l'eau de la mer.

Solatium non auxilium. Ce lui est une douceur, et non pas un secours. — Un cerf qui est dans l'eau.

Sapientia constans. La sagesse est inébranlable. — Une tête de Janus sur un cube.

Solum a sole. Je ne serais rien sans le soleil. — Un citronnier chargé de fruits.

Semper inclyta virtus. Il a toujours de la vertu. — Un lis planté.

Sola lumina terrent. Ses yeux seuls font peur. — Un lion regardant de front.

Sibimet invidia vindex L'envie se punit elle-même. — Un chien qui mord un collier de fer avec des pointes.

Suo premitur exemplo On la traite comme elle a traité. — Une vipère à laquelle ses petits percent le ventre.

Secure. Il est partout en sûreté. — Un veau marin.

Sine pondere gaudet. Elle se joue quand elle n'est point chargée. — Une balance dans son équilibre.

Super est, dum vita movetur. Elle s'élève tant qu'elle a de la vie. — Une fusée volante.

Sic quiesco. Je me repose ainsi au milieu de l'orage. — Un poisson ou monstre marin attaché à un rocher dans une mer orageuse.

Sic breve dulce meum. Ma douceur est peu de chose en comparaison de la mer salée. — Une fontaine sortant d'un rocher au milieu de la mer.

Sic perire juvat. Il est agréable de mourir en donnant la vie aux autres. — Un arbre mort et chargé de lierre.

Solus jam grandior errat. Je suis assez fort pour aller seul. — Un thon, poisson de mer.

Sævit in omnes. Elle n'en épargne aucun. — Une loutre tenant un poisson.

Sibi pulcherrima merces. Il prend chez lui sa récompense. — Un paon étalant sa queue.

Sibi canit et orbi. Il chante, ou du moins il annonce sa mort et celle des autres. — Un cygne sur un tombeau.

Sponte mea. J'y descends volontairement. — Un faucon en l'air descendant sur un lièvre.

Sine injuria. Je ne lui fais aucun tort. — Une mouche à miel sur une rose.

Scabris tenacius hæret. Elle s'y attacherait mieux s'il était moins poli. — Un miroir avec une mouche qui tombe.

Sparsa colligit. Il ramasse ce qui était épars. — Un rateau.

Sine arte vacat. Elle est toujours vide si la ruse ne s'en mêle. — Une cage vide.

Splendidior motu. Je suis plus brillant quand on m'agite. — Un miroir.

Spoliamur jure vetusto. On m'ôte mon ancien privilège. — Un laurier frappé du tonnerre.

Sibi non sapit uni. Ce n'est pas pour elle qu'elle sonne. — Une cloche ébranlée.

Spem sola sequor. Je suis la seule qui regarde toujours le soleil. — Un héliotrope.

Sic nisi tecum. Point de fruits ni de verdure, si nous ne sommes unis. — Deux palmiers qui se joignent, mâle et femelle.

Stat recta feraxque. Je suis droit et fertile. — Un palmier tout droit et chargé de fruits.

Staber quocumque feçar. De quelque côté qu'on me tourne, je serai solidement posé.

Sic crevit ab ovo. Il est étonnant que je sois si grand, n'étant sorti que d'un œuf.

Solus regit me spiritus. Le vent me gouverne. — Un vaisseau agité par la tempête.

Sin ruido nada. Elle est inutile si elle ne fait du bruit. — Une caisse de tambour.

Segundo no se halla. Il est sans second. — Un phénix.

Sed tandem sensim. Peu à peu je marquerai l'heure. — Une horloge de sable.

Solem expecto. J'attends mon soleil. — La fleur du tournesol.

TROUVAILLES

— Une découverte intéressante vient d'être faite à Saint-Léger, près d'Aunay. M. Arnaud, propriétaire, en démolissant une vieille maison, a trouvé un sac en toile contenant environ trois cents pièces portant les effigies d'Henri II, d'Henri III, de Charles IX et de Jeanne de Navarre. Quelques-unes paraissaient même antérieures ; beaucoup de ces pièces sont des monnaies locales.

— En Crète, la mission archéologique italienne a découvert, près de Hérakléion, sur l'emplacement de l'ancienne Phaesdos, un magnifique palais et divers objets d'un intérêt exceptionnel et analogues à ceux découverts à Knossos, entre autres douze statuettes en bronze, des vases de métal repoussé, des vases peints, plusieurs tablettes avec des inscriptions à l'écriture indéchiffrée de Knossos.

Les fouilles seront poursuivies.

— En faisant des fouilles pour la construction de l'École supérieure de La Rochelle, des ouvriers ont trouvé plusieurs pièces du XIVe et du XVe siècle, parmi lesquelles une d'Henri VI d'Angleterre (grand module), un demi-écu de Louis XII, une pièce portugaise et plusieurs pièces espagnoles.

— On a découvert à Roylaye, arrondissement de Compiègne, sur un escarpement boisé dépendant de la propriété de M. Bertier de Sauvigny, un monument mortuaire attribué à l'époque néolithique. Les fouilles ont mis à jour une allée couverte et des chambres sépulcrales où l'on a retrouvé les ossements d'une centaine de cadavres ainsi que des intruments et des objets de parure. On vient de relever également à Versigny, canton de Nanteuil-le-Haudoin, l'emplacement d'un cimetière gallo-romain, d'où l'on a retiré des sarcophages, quelques pièces de monnaie et autres objets de l'époque.

— A Rillé (Indre-et-Loire) on a trouvé plus de 500 blancs *guénars* de Charles VI, et à Ligueuil (même département) environ 350 pièces d'argent et de billon des règnes de Charles VIII à Henri III.

SOCIÉTÉS
SOCIÉTÉ FRANÇAISE DE NUMISMATIQUE

La Société de numismatique a tenu sa séance le 7 mars et procédé au renouvellement de son bureau. Président, M. Adrien Blanchet ; vice-président, M. Paul Bordeaux ; secrétaire, M. de Villenoisy ; trésorier, M. Sudre.

Le comte de Castellane a résumé l'histoire de la monnaie de Tours. Depuis l'époque carolingienne coexistaient les espèces du roi, puis du comte et celles de l'abbaye de Saint-Martin, frappées tantôt séparément, tantôt en commun. Il a ensuite repris l'étude des monnaies d'Avignon pendant la coseigneurie des rois de France. M. Adrien Blanchet a présenté quatre monnaies antiques de la collection de M. Luneau, pour Mapilia et Avenio. M. de Villenoisy a signalé un bronze du Cabinet de France qui semble être un projet pour un écu de six livres devant circuler avec le louis d'or de 1649, projet qui n'a pas été adopté.

LES VENTES

La vente d'antiquités grecques et romaines provenant d'Italie, de Grèce et d'Asie-Mineure, faite par Mme Raymond Serrure, le 22 mai dernier, a produit 6.313 fr., non compris les 10 % des acquéreurs.

Voici les principaux prix :

Verrerie : N° 23, bol à pied, superbe irisation, 70 fr. ; — n° 25, élégant vase amphorisque à anses, 135 fr. ; — n° 80, flacon à pied, six anses, très belle irisation nacrée, 100 fr. ; — n° 81, vase amphorisque à pied, pâte rouge, deux anses vertes, 136 fr. ; — *Vases terre cuite* : n° 95, coupe signée, 850 fr. ; — n° 100, lécythe d'ancien style, 67 fr. ; — n° 101, grand lécythe attique funéraire, 150 fr. ; — n° 104, vase en forme de tête de femme, 140 fr. ; — n° 105, un autre, ancien style, 160 fr. ; — n° 115, grand vase à inscriptions, 205 fr. ; — n° 122, amphore archaïque, deux tableaux, 410 fr. ; — *Figurines* : n° 142, enfant assis sur un rocher, Tanagra, 105 ; — n° 143, éphèbe, Grèce, 95 fr. ; — n° 154, femme debout, Cyrénaïque, 110 fr. ; — *Bronzes* : n° 164, Hercule phénicien, Syrie, 100 fr. ; — n° 165, Mercure, tr. dans la Seine, à Paris, 82 fr. ; — n° 166, passoire romaine, 110 fr.

Le catalogue annoté sera envoyé à ceux de nos abonnés qui voudront bien nous en faire la demande, contre la somme de 1 franc.

Vente du 20 juin ; *collection Delamain* : monnaies grecques, romaines, françaises et étrangères, jetons et médailles, livres de numismatique. Produit total : 8691 fr., non compris les 10 %.

Nous donnerons la liste complète des prix dans le prochain *Bulletin*.

Le Gérant : Constant BOURDONNAIS

MACON, PROTAT FRÈRES, IMPRIMEURS

CORRESPONDANCE NUMISMATIQUE

Afin de permettre à nos lecteurs de se renseigner mutuellement sur les différents sujets concernant leurs travaux numismatiques, nous insérerons désormais à cette place, sous la rubrique Correspondance Numismatique, *toutes les communications qui nous seront faites à ce point de vue; nous espérons faciliter ainsi à nos abonnés la recherche, la communication ou l'échange des monnaies, médailles ou jetons qui les intéressent; ils pourront également nous faire parvenir leurs demandes de renseignements, ainsi que leurs réponses aux questions posées.*

La rubrique Correspondance Numismatique *est réservée aux abonnés du* Bulletin.

DEUX MÉDAILLEURS FRANÇAIS
DU XVIᵉ SIÈCLE

Nous avons extrait de l'*Introduction* de l'important ouvrage qui vient de paraître : *Les médailleurs français du XVᵉ siècle au milieu du XVIIᵉ*, par F. Mazerolle, les notices ci-dessous concernant deux graveurs du xvıᵉ siècle, dont l'auteur est parvenu à établir la biographie et à retrouver des œuvres, grâce aux recherches patientes auxquelles il s'est livré. Nos lecteurs se rendront compte, en lisant ces quelques pages, du travail considérable que représente la publication dont nous avons donné l'analyse dans notre précédente livraison du *Bulletin*.

GUILLAUME MARTIN
(NÉ AVANT 1558; MORT EN 1590?)

En 1558, peu avant le traité de Cateau-Cambrésis, Henri II voulant récompenser quelques officiers de troupes allemandes qui avaient servi sa cause, ordonna à Guillaume Martin, orfèvre et sculpteur, de graver une pile et un trousseau pour faire trente pièces d'or du module d'une portugaise et du poids de dix écus, dont il voulait faire présent à ces officiers étrangers. Ces pièces devaient représenter : « Assavoir en ladicte pile l'efigye du Roy et audict trousseau, ung croissant couronné d'une couronne imperialle », c'est-à-dire d'une couronne fermée.

La fabrication fut assez longue. Le Roi n'agréa pas le premier modèle « à raison de l'escriture estant à l'entour » et fit refaire de nouveaux coins de son effigie. Le document que nous venons de citer constate aussi que l'on dut remplacer plusieurs pièces aux instruments, notamment une vis et un écrou aux presses du Moulin et « faire nouveau coupaige, d'autant qu'il ne s'estoit fabriqué si grosses et grandes pièces aux engins de ladicte Monnoye ». Enfin, le carré de l'effigie fut foulé au cours des travaux, ce qui les retarda encore.

Il existe des exemplaires en argent et en vermeil d'une médaille à l'effigie de Henri II, d'un style délicat et d'une rare finesse de modelé (1558) ; la devise du revers : DONEC TOTVM COMPLEAT ORBEM, entoure un croissant couronné ; ce qui concorde parfaitement avec la description abrégée du document.

Or, si nous nous en tenions strictement à la déclaration de ce dernier, nous ne pourrions, vu le module et le relief ordinaires de ces pièces, leur attribuer quelque rapport avec les trente pièces d'or mentionnées plus haut, tandis qu'elles nous semblent tout à fait identiques. Nous avons seulement ici la preuve de la difficulté qu'il y avait alors au Moulin pour frapper des médailles supérieures aux monnaies par leur diamètre et leur relief. Ajoutons que cette difficulté fut surmontée par le maître de la Monnaie, Étienne Bergeron.

Il ne faudrait pas objecter que le métal de ces médailles empêche de les attribuer à Guillaume Martin, les documents ne mentionnant que des exemplaires en or. Il arrive souvent, en effet, qu'il en a été fait en argent ou en métal moins précieux, à l'aide des mêmes coins ou des mêmes moules. Dans la délibération du Corps municipal de Lyon, en 1494, chaque fois qu'il s'agit des médailles représentant le Roi et Anne de Bretagne, offertes aux souverains lors de leur entrée dans la ville, il n'est question que de médailles d'or et cependant il nous en est parvenu en argent, sorties des mêmes coins que l'exemplaire en or qui a échappé au creuset des fondeurs.

Il en est certainement de même pour les œuvres de Guillaume Martin. D'ailleurs toutes les pièces de 1558 au croissant couronné qui ont été conservées, ont uniformément le module d'une portugaise et à peu près son poids ou celui de dix écus au soleil, en tenant compte de la différence du poids entre l'or et l'argent. En effet, la médaille de vermeil pèse 28 grammes, celles en argent 22 ; un écu d'or pèse de 3 grammes à 3 grammes 1/2, une portugaise 35 grammes.

Ces exemplaires ne peuvent donc avoir été frappés qu'à l'aide des coins employés pour les médailles d'or de la même année. C'est la règle ordinaire ; les pièces d'or, plus exposées à la fonte par leur valeur intrinsèque, disparaissent pour la plupart ; celles d'argent, et surtout celles de bronze, ont plus de chances de longévité.

Le dernier passage du document est d'une grande importance. Il nous prouve que toutes les médailles frappées à la presse, antérieures comme date et supérieures comme module et comme relief à celle-ci, n'ont pu être fabriquées qu'à une époque postérieure, lorsque de nouveaux perfectionnements aux engins de la Monnaie du Moulin permirent de frapper de « grosses et grandes pièces ».

La même année 1558, Guillaume Martin grava aux effigies du dauphin (François II) et de Marie Stuart, des coins qui devaient servir à battre monnaie au Moulin. Dans une requête adressée par Guillaume Martin à la Cour des Monnaies, il est dit qu'il avait gravé des coins « pour mectre en tenailles, pour monnoyer et faire pièces de monnoye à leurs portraictz et devises ». Il existe deux pièces de même module (31^{mm}) à ces effigies, portant la date 1558 ; elles diffèrent par le revers ; l'une, en argent, a été frappée à la presse, l'autre, en or, paraît frappée au marteau et avoir été copiée, pour le droit, sur la précédente. En examinant l'exemplaire d'argent, nous avons été amené à le considérer comme un essai ou une médaille, plutôt que comme une monnaie ; ajoutons qu'il en existe un agrandissement en 52^{mm}. En tout cas, on doit reconnaître que la pièce d'argent est d'une gravure fine et fort habile.

La règle que nous formulions plus haut sur la conservation relative des pièces, suivant la valeur intrinsèque des métaux, se vérifie à propos d'une autre œuvre de Guillaume Martin. L'habileté de l'artiste s'était suffisamment affirmée par l'exécution des médailles de 1558.

Sept ans après, lors de l'entrevue de Bayonne avec le duc d'Albe, Ferdinand Alvarez de Tolède, Charles IX et Catherine de Médicis voulurent suivant l'usage, faire un cadeau de prix aux seigneurs qui accompagnaient le duc; ils s'adressèrent à Guillaume Martin. Ordre lui fut donné de graver à leurs effigies des poinçons et des carrés pour frapper à la Monnaie du Moulin « de grosses pièces d'or de dix escuz ». Il ne reste plus aucun de ces exemplaires d'or, mais le Cabinet de France conserve des spécimens d'une pièce aux effigies de Charles IX et de Catherine de Médicis, qui paraissent bien avoir été frappés avec les coins gravés par Guillaume Martin. Cette médaille porte la date de 1565 et a le même module et le même poids que celle de 1558. Ajoutons qu'elle ne lui est pas inférieure comme valeur artistique.

On peut attribuer au même graveur plusieurs médailles, dont une, au buste de Catherine de Médicis, fut frappée, au Moulin, avec le revers de la médaille de 1565. Les autres, aux effigies de Henri II, de Catherine de Médicis et de leurs fils : François II, Charles IX et Henri, roi de Pologne, puis roi de France (Henri III), ne sont pas moins remarquables que les œuvres dont nous venons de parler. Même délicatesse de forme, même fini dans le modelé, même soin dans l'exécution, elles ont, en un mot, toutes les qualités que nous avons reconnues aux pièces de 1558 et de 1565.

Nous avons peu de détails biographiques sur Guillaume Martin. Il y avait, en 1551, à la Monnaie de Saint-Lô, un monnayeur de ce nom. Rien ne nous autorise à affirmer que c'était le médailleur.

Guillaume Martin concourut en 1558 avec Claude de Hery pour obtenir l'office de tailleur général des Monnaies. La Cour des Monnaies, à la suite de lettres patentes du 18 mars, l'autorisa à faire l'épreuve du concours, mais il échoua, bien qu'il fût alors dans la plénitude de son art et que, par son talent, il surpassa de beaucoup son concurrent. Claude de Hery était parent d'Aubin Olivier, le protégé du Roi; ce fut sans doute ce qui lui valut d'être préféré à Guillaume Martin et d'être désigné par Henri II pour succéder à Marc Bechot.

Sous le règne de Charles IX, Guillaume Martin vit son mérite reconnu. Le roi ne lui ménagea pas ses faveurs. Le 1er mai 1565 « à plain confians de la personne de... Guillaume Martin, orfebvre, sculpteur, et de ses sens, suffisance, loiaulté, preudhommye, experience et industrie au faict de ladicte taille et graveure (des monnaies) et bonne dilligence », il lui octroya des lettres patentes le chargeant de « doresnavant graver et fournir toutes les Monnoyes ouvertes » du royaume, de coins à l'effigie royale, avec appointements de 300 livres tournois par an.

La création de ce nouvel office, qui faisait double emploi avec celui de tailleur général, occupé par Claude de Hery, suscita les protestations de la Cour des Monnaies. Elle fit opposition à la nomination du titulaire, envoya une circulaire aux différents tailleurs particuliers, afin d'entraver l'établissement de la nouvelle charge, et refusa d'entériner les lettres patentes données à Guillaume Martin, avant d'avoir fait une enquête à ce sujet. On lui fit subir un long interrogatoire; il répondit victorieusement à toutes les objections. Nous ignorons cependant s'il exerça réellement son office.

Guillaume Martin reçut plus tard une nouvelle preuve de la faveur royale. En 1571, le Roi lui donna quinze charges de changeur à Paris; en 1573, l'artiste céda l'une d'elles à Pierre Gobelin.

Il était aussi tailleur général des Monnaies de Navarre; c'est en cette qualité qu'il grava deux poinçons à l'effigie de Jeanne d'Albret, pour les ducats et les testons.

L'année même où il fit ce travail, le tailleur particulier de la Monnaie de Paris, Jean I Beaucousin, fut autorisé à graver des jetons pour la reine de Navarre; ces jetons portent d'un côté le buste de la princesse. Le poinçon de ce buste, conservé au Musée Monétaire, est d'un fort beau style et d'une grande finesse d'exécution. Il est donc tout naturel de supposer que Jean I Beaucousin s'est servi d'un poinçon d'effigie gravé par Guillaume Martin, qui devait, comme tailleur général des Monnaies de Navarre, graver les effigies royales ; le document relatif aux ducats et testons de la reine Jeanne d'Albret le prouve suffisamment. D'ailleurs, on n'a qu'à comparer ces jetons avec les deux autres gravés par Jean I Beaucousin, pour se rendre compte que ce médiocre artiste n'eût pas été capable d'exécuter une véritable œuvre d'art, car on peut, sans exagération, qualifier ainsi ce poinçon.

Un personnage du même nom que le médailleur fut maître des

Comptes, de 1586 à 1603; nous ignorons s'il s'agit d'un parent de l'artiste.

M. Ch. Braquehaye a tout récemment attribué à Guillaume Martin l'exécution des modèles d'une médaille d'or, ou plutôt d'un médaillon, fondu par un orfèvre bordelais, Jean Tartas, pour être offert par la ville de Bordeaux, en 1559, à Élisabeth de France, qui se rendait en Espagne auprès de son fiancé, Philippe II. Il n'est aucunement fait mention de notre artiste dans les documents rapportés par l'auteur, qui a voulu aussi donner une origine bordelaise à Guillaume Martin, en le rattachant à plusieurs personnages du même nom, dont l'un, Charles Martin, fut maître de la Monnaie de Bordeaux, de 1537 à 1541.

A. Barre dit que Guillaume Martin mourut en 1590. Nous ne savons rien de plus à cet égard.

Guillaume Martin doit occuper dans l'histoire des médailleurs, une place honorable à côté de Marc Bechot et d'Étienne de Laune. Il n'a pas toute l'ampleur, encore italienne de Bechot, mais il égale au moins Étienne de Laune par la pureté de son style et la suave expression de ses figures. Son œuvre personnifie, avec celles d'Étienne de Laune et d'Antoine Brucher, cette belle Renaissance française, qui se dégageant peu à peu de l'influence italienne, atteint sa pleine maturité dans la seconde moitié du XVIᵉ siècle.

ANTOINE BRUCHER

(TAILLEUR DE LA MONNAIE DU MOULIN, 1558 — MORT EN 1568)

Le médailleur Antoine Brucher est non moins habile que Guillaume Martin. Il succéda à son frère, Guy Brucher, dans l'office de tailleur de la Monnaie du Moulin, le 14 janvier 1558. Cette nomination confirmait celle faite antérieurement par le prévôt des marchands et par les échevins de Paris. Le tailleur de la Monnaie de Paris, Jean I Beaucousin, soutenu par la Cour des Monnaies, y fit opposition, mais il se désista, tout en réclamant que les officiers de la Monnaie de Paris puissent être nommés aux charges de la Monnaie du Moulin, afin d'éviter l'accroissement du nombre des officiers; réclamation assez juste, car l'édit de création de la Monnaie du Moulin avait accordé à ces officiers la faveur d'être nommés aux charges de la Monnaie de Paris. Antoine Brucher fut reçu par la Cour des Monnaies le 24 mars 1558.

A l'époque où Brucher entra en fonctions, le travail monétaire se ralentit, puis cessa presque complètement en 1563. De nombreux documents constatent que les émoluments de la Monnaie du Moulin étaient insuffisants pour payer les officiers. Antoine Brucher réclama constamment à la Cour des Monnaies les sommes qui lui étaient dues.

Il ne semble pas que le tailleur général ait eu une surveillance effective sur les travaux de Brucher. Ainsi, nous avons signalé, en Appendice, les fournitures de coins et de poinçons faites directement par ce dernier, tant pour la Monnaie du Moulin, dont il était un des officiers, que pour les Monnaies des provinces. Cependant, en 1565, la Cour des Monnaies ordonna que le tailleur général fournirait, dorénavant, les coins demandés par les maîtres particuliers des provinces, s'il se contentait de la rétribution qu'elle avait fixée. Cette réglementation fut établie à la suite d'une fourniture de coins pour la Monnaie de Poitiers, mais ne paraît pas avoir été observée. Aussi, on peut vraisemblablement supposer que les coins des monnaies, essais et piéforts fabriqués à la Monnaie du Moulin pendant l'exercice de Brucher, c'est-à-dire de 1558 à 1568, ont été gravés par lui, sans ingérence du tailleur général; exception faite cependant pour les piéforts de 1561, dont les coins furent gravés par Claude de Hery, ainsi que nous le dirons plus loin.

En 1561, Charles IX voulant, suivant l'usage, faire largesse à l'occasion de son sacre à Reims, chargea son orfèvre, Jean II Cousin, garde de la Monnaie de Paris, de faire « ouvrer et monnoyer... deniers d'or et d'argent » sur les piles et trousseaux gravés par Antoine Brucher.

Les exemplaires de ces médailles présentent trois types différents, tous sont d'une rare finesse de gravure et d'un grand charme d'expression dans la physionomie royale. Le coin d'une de ces médailles a servi à frapper une autre pièce, où l'effigie de Charles IX se trouve réunie à celle de son père, Henri II.

Si nous comparons les deux médailles du sacre, à l'effigie laurée, à d'autres médailles frappées de Charles IX, nous sommes tout porté à donner place, à ces dernières, dans l'œuvre d'Antoine Brucher.

Deux essais, l'un en argent (1564), l'autre en or, de petit module (s. d.), ont été frappés à l'aide des·presses de la Monnaie du Moulin. Ces deux pièces, d'un fort beau style, présentent au-dessous du buste de Charles IX un monogramme composé des lettres A F; toutes deux sont incontestablement de la même main et le graveur a donné, en reproduisant la figure royale, le même pincement aux lèvres, que l'on remarque sur les médailles du sacre. Ces deux essais ont été bien vraisemblablement obtenus à l'aide de coins gravés par Antoine Brucher, qui dut, ainsi que nous l'avons supposé, graver, sans avoir recours aux modèles du tailleur général, les coins servant à la Monnaie du Moulin. Comment interpréter le monogramme qui y est figuré? Il nous semble difficile d'y voir les initiales d'un prénom et d'un nom, car aucun officier de la Monnaie du Moulin ne porte ces initiales. Quant à la signature d'Antoine Brucher, elle était composée, comme nous le croyons, des initiales de son prénom et de son nom; nous voyons, en effet, ce monogramme sur plusieurs jetons. Aussi, nous serions tentés de considérer ces lettres comme le différent du maître de cette Monnaie, Aubin Olivier; la première étant l'initiale de son prénom et la seconde, l'initiale du mot *fecil*. Aubin Olivier était, d'ailleurs, désigné à son époque, ainsi que nous l'avons dit, sous le nom de « Maistre Aubin ».

Il faut rapprocher le joli essai en or au buste de Charles IX, d'une charmante petite médaille d'argent, d'un module moindre, dont l'effigie royale paraît avoir été obtenue avec le même poinçon; elle ne porte pas le monogramme que l'on voit sur l'essai.

Antoine Brucher fit un certain nombre de coins de jetons et de coins de monnaies. La reine Marie Stuart et la seigneurie de Lucques le chargèrent de graver des piles et des trousseaux.

En 1560, il remplaça provisoirement Claude de Hery comme tailleur général, pendant une absence de ce dernier.

Le 18 décembre 1563, la Cour des Monnaies lui fit rendre les piles, trousseaux et tenailles saisis à son domicile et lui fit défense d'avoir, ailleurs qu'à la Monnaie du Moulin, des instruments servant à la fabrication des espèces.

Antoine Brucher mourut avant le 25 janvier 1568 ; à cette date, la Cour des Monnaies commit deux généraux pour faire l'inventaire des instruments de la Monnaie du Moulin qui appartenaient au graveur. Le 27 octobre de la même année, elle fit remettre à sa veuve, Anne Bailly, les coins de jetons, pour en faire son profit ; les instruments monétaires devaient être déposés au greffe de ladite Cour.

Une requête adressée par le curateur des biens d'Antoine Brucher, à la Cour des Monnaies, nous apprend que le graveur était parti de Paris le 30 septembre 1567 pour se rendre dans son pays « sur le chemin duquel il auroit esté tué, vollé et saccagé ».

Cartier prétend que Brucher était allemand. Nous ignorons sur quels documents il s'est appuyé pour donner une origine étrangère au tailleur de la Monnaie du Moulin ; nous ferons toutefois remarquer que la forme orthographique de la signature *Breucher*, semblerait lui donner raison. On pourrait alors supposer qu'il serait venu en France, ainsi que son frère, avec Guillaume de Marillac ; ce serait au cours d'un voyage en Allemagne qu'il aurait trouvé la mort.

Nous ne connaissons pas le degré de parenté, s'il y en a un, qui existe entre le médailleur et deux autres artistes du même nom, Jean Bruchet (*sic*), orfèvre parisien, cité dans un document du 3 décembre 1556, et Pierre Brucher, qui fut tailleur de la Monnaie de Pau, de 1563 à 1572.

Nous devons signaler l'insinuation au Châtelet de Paris, d'un contrat passé entre les héritiers de Jean Bailly, sommelier du Roi (1572). Anne Bailly, veuve d'Antoine Brucher, y est citée avec Claude de Hery, tailleur général, et Anne Hochet, sa femme ; le contrat n'indique pas si le graveur de la Monnaie du Moulin et le tailleur général étaient parents.

Antoine Brucher est un des plus habiles graveurs du commencement de la seconde moitié du XVIᵉ siècle ; ses œuvres sont très finement exécutées et il a su donner un grand charme dans l'expression de l'effigie de Charles IX ; il est un digne contemporain du médailleur Guillaume Martin ; son art est bien français et ne se ressent point d'une origine étrangère, qui d'ailleurs n'est pas certaine.

Nous donnons ci-dessous les listes des coins de jetons qu'il a gravés. Les documents relatifs aux jetons de 1560 et 1562 (Cour des

*

Monnaies) ne citent pas le nom d'Antoine Brucher ; mais, comme il a
été chargé, les années suivantes, de fournir à la Cour des Monnaies
les coins de ses jetons, nous pensons pouvoir lui attribuer l'exécution
des précédents.

F. Mazerolle.

JETONS GRAVÉS PAR ANTOINE BRUCHER

1558. Jetons pour Philippe Durand, président au siège présidial de Provins.
1559. Jetons banaux.
1560. Jetons banaux.
1560. Jetons pour la Cour des Monnaies.
1560. Jetons de la Gendarmerie de France.
1561. Jetons indéterminés.
1561. Jetons pour la Cour des Monnaies.
1562. Jetons indéterminés.
1562, 1563 et 1564. Jetons pour la Cour des Monnaies.
   Les jetons suivants portent le monogramme d'Antoine Brucher (?), les
   lettres A et B liées.
1561. Jeton banal.
1568. Jeton banal.
S. d. Jetons de la ville de Paris.
S. d. Jetons banaux.

REVUE DES REVUES

Gazette numismatique française, dirigée par M. Fernand Mazerolle.
— 4ᵉ livraison 1902.

F. Mazerolle. *V.-M. Borrel (1804-1882). Biographie et catalogue de son œuvre.*

M. Prou. *Notice de l'exemplaire du registre de Lautier, conservé à la Bibliothèque du Vatican.*

A. Evrard de Fayolle. *Médailles et jetons municipaux de Bordeaux.*

Dr R. Lacronique. *Appendice à l'étude historique sur les jetons de l'Académie royale de chirurgie.*

H. Denise. *Le concours de l'an XI.*

— *La discussion de la loi de Germinal, an XI.*

Ch. Le Grelle. *Administration des monnaies de Belgique. Rapport du commissaire des monnaies au ministre des finances et des travaux publics, troisième année 1902* (Compte rendu par F.-M.).

Périodiques. — Nouvelles diverses.

Bulletin international de Numismatique, dirigé par M. Adrien Blanchet.
— Tome II, nᵒ 2.

Mowart (R.). *Le V couronné en contremarque sur un sou belge.*

Tachella (D.-E.). *Monnaie de Pautalia avec exemple d'iotacisme.*

Blanchet (Adrien). *Le triskeles sur les monnaies de la Sicile.*

Trouvailles. — Sociétés. — Musées. — Nouvelles diverses.— Questions. — Bibliographie.

Berliner Münzblatter, begrundet von Adolph Weyl. NEUE FOLGE, herausgegeben von Emil Bahrfeldt.

— N° 18. Juin 1903.

Uber die Chronologie der Münzen des Marcus Antonius, von M. Bahrfeldt.

Nachträge zu Dannenbergs, « die deutschen Münzen der sächsischen und fränkischen Kaizerzeit ».

Friedrichs des Grossen Banko, Albertus-und Levantinen Thalers, von Emil Bahrfeldt.

Münzen und Medaillen der Stadt Rostock, von Ed. Grimm.

Numismatische Gesellschaft zu Berlin.

— N° 19. Juillet 1903.

Ueber einen unedirten Halb-Ducaton des Sirus Austriacus von Corregio, von Q. Perini.

Der Hacksilberfund von Alexanderhof, von Emil Bahrfeldt.

Nachträge zu Dannenbergs, « die deutschen Münzen der sächsischen und fränkischen Kaiserzeit ».

Uber die Chronologie der Münzen des Marcus Antonius, von M. Bahrfeldt.

Berliner Medaillen, von C. V. Kuhlewein.

Friedrichs des Grossen Banko, Albertus-und Levantinen-Thalers, von Emil Bahrfeldt.

Frankfurter Münzzeitung, von Paul Joseph.

— N° 30. Juin 1903.

Die niederländischen und belgischen Münzen des Aachener Fundes, von P. J.

Zwei Schaumünzen der Grafen von Zimmern, von P. J.

Eine Plakette auf die Grossherzogin von Sachsen-Weimar, von P. J.

Uber die Münzsammlung des Konigs von Italien, von Q. Perini.

Das italienische Münz-Ausfuhrgesetz, von P. J.

— N°s 31-32. Juillet 1903.

Die Wiener und Grazen Pfennige im Aachener Münzschatz, von Dr A. Luschin.

Numismatische Miscellen aus der altdeutschen Litteratur, von Dr E. Schröder.

Monatsblatt der numismatischen Gesellschaft in Wien.

— N° 238. Mai 1903.

Die jüdischen Münzen bis zum ersten Aufstande unter Kaiser Néro (66 n. Chr.).

Eein Erzeugnis der Walzenprägung.

Krupp-Plaquette.

Exkursion nach Carnuntum.

Ordentliche Versammlung der Numismatischen Gesellschaft am 22 April 1903.

— N° 239. Juin 1903.

Die jüdischen Münzen bis zum ersten Aufstande unter Kaiser Néro (66 n. Chr.).

Ueber einige auffablende Münznominale.

Blätter für Münzfreunde, von Dr H. Buchenau.

— N° 5. 1903.

Ein Beitrag zur Beurteilung der « Wetterauer » Brakleaten, von H. Buchenau.

Hans Friedrich v. Minden contra Münzmeister Martin Reimann.
Verdienstmedaille des Bistums Fulda von 1796.

— N°s 6-7. 1903.

Merkwürdige Münzen der pfälzischen Wittelsbacher, von J. V. Kull.
Die Maienfestbrakteaten des Weimaren Künstlervereins, von H. Buchenau.
Die Münzen der kaiserlichen Burg Friedberg in der Wetterau, von Dr P. Wein-
meister.
Die Herderplakette der « Loge Amalia » zu Weimar, von Dr A. Ott.
Über einen schlesichen Pfennigfund aus dem XII. Jahrhundert, H. B.
Der Brakteatenfund von Niederkaufungen, von H. Buchenau.

O Archeologo português, publicada pelo Museu ethnologico português.

— N°s 2-3. Février-mars 1903.

Inscriptions hébraïques du Portugal, Cardozo de Bethencourt.
Novo deus bracarense, Albano Bellino.
Protecção dada pelos Governos, corporações officiaes e Institutos scientificos a Archeologia.
Estaçoes prehistoricas dos anedores de Setubal, Marques da Costa.
Estudos de numismatica colonial portuguesa, Manoel Joaquin de Campos.
Recentes acquisiçoes do Museu Ethnologica português, Felix Alves Pereira.
A freguesia de S. Christovam de Nogueira (concelho de Sinfães), J. L. de V.
Novas mamôas da serra de Soajo, Felix Alves Pereira.
Extractos archeologicos das « Memorias parochiaes », P. A. de Azevedo.

Numismatic Circular, Spink & Son's monthly.

— Mai 1903.

Sketches of European continental History and Heraldry for the use of Numismatists,
F. C. Higgins.
Biographical Notices of Medallists, etc. (Hagenauer-Hamerani), L. F.
Pier Antonio Micheli (1639-1737), Arturo Spigardi.
Coin gleanings, Philip Whiteway.
A Few notes relating to the Issuers of the eighteenth Century Tokens, Arthur W. Waters.
Numismatic societies, museums, books, etc.

— Juin 1903.

Inedited coins. Rectification, F. Gnecchi.
Sketches of European continental History and Heraldry for the use of Numismatists,
F. C. Higgins.
Biographical notices of medallists, etc. (Hamerani-Hannemann), L. F.
Notes on some interesting Token Books and their original Owner, S. H. Hamer.
Congresso internazionale de Scienze Storiche in Roma.
Médailles nouvelles, Arnold Robert.
Un monument à la mémoire de Joseph Mazzini, A. R.
Nicht Gersau, P. J.
Numismatic societies, museums, books, etc.

— Juillet 1903.

An unpublished artist's signature on a stater of Leucas, L. F.

The so-called Frankfort, « Judenpfennige » issued probably between 1818 and 1822.
L. F.
Biographical notices of Medallists, etc. (Hannequin-Harrewyn), L. F.
Di alcune monete della Zecca di Merano, Q. Perini.
Le jeton de la Guadeloupe.
Numismatic societies, Museums, etc.

The Numismatist.

— N° 6. Juin 1903.

The last Ming dynasty of China, G. F. Heath.
Unusual numismatic specimens, Dr B. P. Wright.
A. W. Crons has some Coins.
The Crossed spade and Anvil Half-Pennies, Jeremiah Gibbs.
Coins of bible places. — A novel scheme.
American numismatic association.

— N° 7. Juillet 1903.

Unusual numismatic specimens, Dr B. P. Wright.
The Eagle Half-Pennies, J. Gibbs.
Coins of Bible places.
American numismatic association.

Bolletino di numismatica e di arte della medaglia, periodico mensile del *Circolo numismatico milanese.* Direttore : Dr Serafino Ricci.

— N° 1. Janvier 1903.

S. Ricci. *Due parole di programma.*
La Direzione. *Il circolo numismatico milanese.*
P. Monti-Laffranchi. *I due Massimian Erculeo e Galerio nella monetazione del bronze.*
G. Grillo. *Variante inedite alle « Monete di Milano » dei Fratelli Gnecchi.*
A. Spigardi. *Pier' Antonio Micheli (1679-1737).*
S. Ricci. *La pagina archeologica e artistica.*

— N° 2. Février 1903.

P. Monti-Laffranchi. *Monete romane imperiali inedite della collezione Pompeo Monti in Milano.*
G. Ciani. *Il nome di Corrado II sulle più antiche monete genovesi.*
A. Spigardi. *Bibliografia medaglistica italiana moderna.*
S. Ricci. *La pagina archeologica e artistica.*

— Nos 3-4. Mars-avril 1903.

F. Gnecchi. *Del restauro delle monete antiche.*
P. Monti-Laffranchi. *« Tarraco » o « Ticinum » ?*
E. Gnecchi. *Cronaca delle falsificazioni.*
M. Piccione. *Appunti numismatici.*
G. Grillo. *Monete di Uri, Schwitz ed Unterwalden.*
S. Ricci. *Una medaglia inedita in onore di Giambatista Camazzi-Vertoira presso il R. Gabinetto numismatico di Brera.*
A. Spigardi. *La medaglia al musicista Alfredo Catalani.*

— N°s 5-6. Mai-juin 1903.

S. Ricci. *Il Circolo numismatico milanese al Congresso internazionale di scienze storiche in Roma.*

P. Monti-Lafranchi. *Contributi al Corpus Numorum : monete imperiali inedite della collezione Monti in Milano.*

A. Grassi-Grassi. *Delle monete di Ventimiglia erroneamente attribuite a Giovanni Requesens.*

La Direzione. *Intorno alle falsificazioni moderne.*

G. Grillo. *Varianti inedite all' opera Monete di Milano dei Fratelli Gnecchi.*

A. Spigardi. *Bibliografia Medaglistica italiana moderna.*

P. Arcari. *Sfragistica cremonese.*

La Direzione. *Delle monete in corso.*

Varieta. *Il Circolo numismatico Milanese e i nuovi suoi Soci e Abbotani.*

S. Ricci. *La pagina archeologica e artistica.*

— N° 7. Juillet 1903.

S. Ricci. *Il Circolo numismatico Milanese al Congresso Internazionale di Scienze Storiche in Roma : Il tema Dell' ordinamento delle collezioni di monete italiane medioevali e moderne.*

Q. Perini. *Note di terminologia e cronologia monetaria.*

G. Ceresole. *Per la conservazione delle bolle di piombo. Consigli pratici ai soci.*

S. Ricci. *Notizie scientifiche e bibliografiche di Numismatica e Medaglistica. La pagina archeologica e artistica.*

BIBLIOGRAPHIE

Commandant Emm. Martin. — *Les monnaies obsidionales d'Anvers (1814).* (Extrait du *Carnet de la Sabretache* du 31 mai 1903, 17 p., 1 pl.).

Le Commandant Martin a recherché et mis en lumière les documents relatifs aux monnaies du siège d'Anvers de 1814; ces documents, trouvés dans les papiers du général Lazare Carnot, ont permis à l'auteur de fixer d'une façon certaine la frappe de ces monnaies intéressantes.

Perini (Quintilio). — *Ueber einen unedirten halb-ducaton des Sirus austriacus von Corregio.* Extrait du *Berliner Münzblatter*, juillet 1903.

— *Die medaillen Caspars von Lindegg u. seiner frau Cordula geb. Niekerin.* Extrait du *Blätter für Münzfreunde*, 1903.

— *Il congresso internazionale di scienze storiche in Roma.* Rovereto, avril 1903.

— *La Republica romana del 1849 e le sue monete.* Communication faite au Congrès des Sciences historiques de Rome, avril 1903.

MÉDAILLES NOUVELLES

Comme les sénateurs et les députés, les conseillers municipaux de Paris auront désormais une médaille de session, absolument distincte de l'insigne nouveau récemment inauguré par nos édiles.

C'est au graveur Chaplain qu'on a demandé de graver cette médaille.

Très simple, elle porte : à l'avers, une tête de République d'un dessin absolument nouveau, différent de celui que Chaplain avait conçu pour notre monnaie d'or, et en exergue « République française » ; au revers, les armes de la Ville de Paris posées sur une branche de chêne et une branche de laurier et séparées de la croix de la Légion d'honneur, qui les complète désormais, par un cartouche sur lequel sera gravé le nom du conseiller titulaire. Ce revers, qu'entoure l'exergue « Conseil municipal de Paris », porte à gauche et à droite les dates « 1904 » et « 1908 » de la prochaine session municipale.

— Le pape fait graver chaque année une médaille, dont les exemplaires sont frappés en or, argent et bronze, pour être distribuée aux personnages de la Cour suivant leur rang.

La médaille de 1903, qui a été donnée le 17 juillet aux ayants droit, porte d'un côté l'effigie du Pontife et de l'autre une allégorie représentant les études bibliques, personnifiées par les prophètes Elie, Moïse, Zacharie, les apôtres Pierre, Paul et Jean avec l'inscription suivante : « *Spiritu Sancto inspirati locuti sunt : sancte de Deo homines.* »

— *Après la mort du Pape*, le cardinal-camerlingue Oreglia a ordonné la frappe d'écus du *sede vacante*.

D'autre part, ne voulant laisser entrer au Vatican, durant l'interrègne, aucune personne étrangère, il a fait frapper des médailles spéciales destinées aux personnages autorisés ; d'un côté, ces médailles portent le mot : *Interrègne*, et de l'autre, la date : *Juillet 1903*.

De son côté, le prince Chigi, maréchal héréditaire du Conclave, a usé, tout comme le cardinal-camerlingue, du droit que lui confère son titre de frapper monnaie pendant l'interrègne. La médaille qui vient de sortir de la Zecca a un diamètre de 26 mm. ; elle porte les armes de la famille Chigi, et, autour, l'inscription : « *Marius princeps Chisius S. R. E. Mareschalcus perpetuus.* »

— Le médailleur H. Kautsch a modelé une plaquette de Heinrich Heine, qui représente le poète assis, écrivant ; au revers, un génie ailé tenant une couronne ; au-dessous, un monument et le soleil couchant. Kautsch est également l'auteur des plaquettes du prince Roland Bonaparte, de la Bosnie-Herzégovine, de l'Exposition de 1900, etc. (*Ces plaquettes se trouvent chez Mme Raymond Serrure.*)

— Au dîner qui fut donné le 14 mai en son honneur, par le Président du district de Lorraine, l'empereur d'Allemagne a remis à chacun des assistants une médaille qu'il avait fait frapper à l'occasion de la consécration du portail du Christ de la cathédrale de Metz. Cette médaille est en bronze, et a un diamètre de 7 centimètres. Elle offre, d'un côté, le profil de l'empereur coiffé du casque à l'aigle des gardes du corps, et l'inscription : *Guilelmus II Imperator rex* ; de l'autre, la représentation, très bien exécutée, de la cathédrale avec le nouveau portail, et l'inscription : *Ecclesia cathedralis Metensis in memoriam dedicationis portae principalis. Anno MDCCCCIII.*

LECTURES

— M. Chaplain, membre de l'Institut, graveur en médailles, a été nommé professeur-chef de gravure en médailles et en pierres fines à l'école des Beaux-Arts, en remplacement de M. Ponscarme, décédé.

— M. Roty, membre de l'Institut, graveur en médailles, succède à M. Chaplain comme membre du conseil supérieur d'enseignement de l'école des Beaux-Arts.

— M. Michel Lagrave, commissaire général du gouvernement français à l'exposition de Saint-Louis, a remis à M. Loubet la médaille d'or qui lui est offerte par le président de l'exposition de Saint-Louis, à l'occasion du centenaire de la cession de la Louisiane par la France aux États-Unis.

Cette médaille a été tirée à deux exemplaires seulement, dont l'un a été remis solennellement au président Roosevelt, lors de la dédicace des palais de l'Exposition, qui a eu lieu le 30 avril dernier, à Saint-Louis.

Sur la médaille figurent les effigies de Bonaparte et de Jefferson, avec ces mots : « *Bonaparte le céda et Jefferson l'acheta, le 30 avril 1903.* »

La médaille est en or vierge et a été fabriquée, par les soins du gouvernement de l'État de Colorado.

— Notre colonie de la Guadeloupe va, comme la métropole, être dotée d'une monnaie de nickel, mais d'une monnaie de nickel qui lui sera propre.

On s'y sert actuellement de papier-monnaie pour les transactions de petite valeur, ainsi qu'on le faisait naguère à la Martinique et à la Réunion.

Déjà, ces deux dernières colonies ont remplacé leur papier-monnaie par des « jetons de caisse », véritable monnaie en nickel, gravés par Lagrange pour la Réunion, par Borrel pour la Martinique.

La même réforme sera appliquée sous peu à la Guadeloupe, car le graveur Patey vient de présenter au ministre des finances, la maquette de ces « jetons de caisse ».

S'inspirant de types des collections ethnographiques du Muséum, M. Patey a gravé, à l'avers, un très caractéristique profil de Caraïbe, ancêtre autochtone des Guadeloupiens.

Le front ceint d'une couronne de métal hérissée de plumes, ce sauvage, au nez busqué, à la lèvre supérieure proéminente, porte aux oreilles le « caracoli », et, au cou, le collier de dents et de griffes de fauve.

On lit en exergue : « *République française. — Guadeloupe et dépendances.*

Au revers, M. Patey a gravé simplement une pousse de canne à sucre, toute droite, qui achève de donner au jeton un aspect de couleur locale très curieux.

Ce revers porte la légende suivante : « *Bon pour 50 centimes contre valeur déposée au Trésor 1903.* » Cette monnaie sera à 18 pans, forme qui la distinguera de celle de la Martinique, qui est ronde.

— Par décret rendu sur la proposition du ministre de l'Instruction publique et des Beaux-arts, M. Vernier, graveur en médailles, est nommé chevalier de la Légion d'honneur.

Les pièces du pape. — Après le retour du pape Pie VII (1799), le système monétaire français fut remplacé par les anciens systèmes de Rome et de Bologne, précédemment en usage dans les États de l'Église. Une ordonnance du 21 mars 1818 décida que le système romain serait désormais le seul en usage.

Une nouvelle ordonnance du 11 janvier 1835 vint apporter dans le monnayage pontifical d'importantes modifications ; le système décimal français fut adopté pour le poids des espèces ; de nouvelles monnaies d'or furent créées, portant, à l'avers, l'effi-gie du pape, au revers, l'indication de leur valeur inscrite dans une couronne de lau-rier. Les lettres R et B différenciaient seules les produits de l'atelier de Rome et ceux de l'atelier de Bologne.

Après la mort de Grégoire XVI (1846), le Sacré-Collège émit des monnaies pen-dant la vacance du Saint-Siège; les pièces reproduisirent le type traditionnel : d'un côté, les armes du cardinal-camerlingue ; de l'autre, la colombe du Saint-Esprit dans une gloire.

Pie IX frappa ses premières espèces suivant la législation adoptée en 1835. La République romaine frappa des pièces de billon et de cuivre, portant, à l'avers, un aigle tenant des faisceaux consulaires dans une couronne de chêne.

Pie IX, rétabli, introduisit dans ses États le système monétaire décimal français. En février 1867, le gouvernement pontifical déclara se rallier à la convention de l'Union monétaire latine.

Mais, en 1870, la papauté perdit, avec son titre de souverain temporel, la royale prérogative de battre monnaie, et les pièces du pape cessèrent d'avoir cours.

— M. Arnauné, directeur de l'Administration des Monnaies et Médailles, va faire frapper, pour le compte du gouvernement du Maroc, — qui a adopté notre système décimal — 200.000 kilos de bronze en pièces de 10, 5, 2 et 1 grammes. M. Patey, graveur des monnaies, prépare les coins de service, dont les originaux sont dus à M. Borrel.

— La Société numismatique de Vienne a été saisie par un de ses membres d'une proposition portant création d'un tribunal de dix arbitres pour juger l'authenticité des monnaies et médailles. L'inconvénient de ces sortes de comités est que, même dans une spécialité comme la numismatique, les arbitres ont à prononcer sur des parties de la science avec lesquelles ils ne sont pas strictement familiers et apportent, à l'avis que les érudits spéciaux sont à même d'exprimer individuellement, un appui illusoire et dangereux. On a dit aussi que la responsabilité des juges ne tarderait pas à être enga-gée dans des intérêts d'ordre commercial et enfin que le problème de l'authenticité se ramenait trop souvent à des questions d'appréciation sans criterium certain. Tels sont les divers arguments qui ont été opposés à l'auteur du projet et qui l'ont fait rejeter par la Société.   (*Rev. num.*).

— La plus belle et la plus riche collection de monnaies d'Italie qui existe est sans contredit celle de Sa Majesté le Roi Victor-Emmanuel III, qui comprend, à l'heure actuelle, plus de 50.000 pièces, conservées dans trente médailliers. Cette collection reçut d'une seule fois, un accroissement d'environ 25.000 pièces par l'achat, que fit le roi, du Cabinet du marquis Marignolli, dans lequel les pièces uniques et les raretés de premier ordre se comptaient en grand nombre. Aidé de son secrétaire particulier, le colonel Ruggero, le roi, en zélé numismate et avec l'activité que peut seule soutenir une noble passion, s'occupe de la rédaction d'un gigantesque *Corpus numorum italicorum* ; ce catalogue des monnaies italiennes formera dix à douze volumes, comprenant la description d'environ 80.000 pièces; plusieurs volumes sont, paraît-il, déjà prêts à être livrés à l'impression, mais il a été décidé que la publication de l'ouvrage ne serait commencée qu'après son complet achèvement.

Recueil d'emblèmes, devises, médailles et figures hiéroglyphiques, par le Sieur Verrier, maître-graveur, à Paris M.DCC.XXIV avec privilège du Roi (*Suite*).

Sic vos non vobis. Vous agissez pour les autres et non pour vous. — Un laurier soutenant un cep de vigne.

Se sustinet ipsa. Elle se soutient d'elle-même. — Un cep de vigne sans échalas et tout droit.

Sperare nefas. Il ne faut plus espérer que ce temps revienne. — Un chêne et un palmier chargés de fruits, et qui représentent l'âge d'or.

Sustine vel abstine. Ou souffrez d'être piqué, ou ne me touchez point. — Une rose.

Sit modus in rebus. Il en faut user sobrement. — Une table chargée de plusieurs verres pleins de vin.

Semper matura. Elle est toujours mûre. — Un pin chargé de ses pommes.

Symbolum pacis. C'est le symbole de la paix. — Un casque couvert de toiles d'araignées.

Sternit et parcit. Il l'abat et lui pardonne. — Un lion tenant un tigre renversé sous lui.

Sola diligentia prodest. Le profit est dans la diligence. — Une barre de fer dans une forge.

Servat et agreditur. Il est bon pour la défense et pour l'attaque. — Un gantelet.

Si empre misma. Il est toujours le même. — Un lion voyant sa ressemblance dans un miroir.

Si male parta, male dilabuntur. Si elles étaient mal acquises, elles se perdent sans profit. — Un singe qui renverse un sac de pistoles.

Solo hæret cœlum spectat. Elle est attachée à la terre, mais elle regarde le ciel. — Une pyramide.

Servitus. On en est esclave. — Une tabatière.

Sanciat et defendit. Il blesse, mais il défend. — Un collier de chien armé de pointes de fer.

Se d'amore ferira il cuore. Si elle est décochée par l'amour, le cœur en sera blessé.— Une flèche avec ces mots.

Si tempus favebit. Si le temps m'est favorable. — Un arbre fruitier tout en fleurs.

Servatque fovetque. Elle les garde et les chauffe. — Une poule cachant ses poussins sous ses ailes.

Superabo ferendo. J'en viendrai à bout par la patience. — Un joug de labourage.

Si non fata rumpant. S'il plaisait au destin de ne le couper pas. — Un fuseau chargé de fil, pendant d'une quenouille.

Soli victori. Le vainqueur seul la mérite. — Une couronne de laurier.

Sobrietatis olus. C'est le remède contre l'intempérance. — Un chou auprès d'un cep de vigne.

Suave. Il est doux. — Un joug de labourage.

Sibi parat. Il se prépare de l'encens pour l'immortalité. — Apollon, ou un soleil dans le ciel, avec la nymphe Leucothoé à demi enterrée, et changée en l'arbre qui porte l'encens.

Solatia luctus exigua ingentis. C'est une petite consolation pour une perte si grande. — Le portrait ou le buste d'une personne que l'on a tendrement aimée.

Sic dignus amari. Il mérite d'être aimé, même aux dépens de sa vie. — La nymphe Clitye couchée et languissante à terre, et près d'elle une fleur, ou tige de souci, ou de tournesol, et regardant le soleil.

Stateram ne transilias. Sois neutre dans les intérêts de la justice. — Une balance droite.

Sola mihi redolet. Je ne trouve que cette odeur-là de douce. — Une violette attachée à un cyprès.

Schema il favor, crescon gli affanny. Les grâces s'en vont et les malheurs viennent.— Un bout de flambeau qui achève de brûler, et une nuit qui paraît.

Si vivet et vivam. Je vivrai tant qu'elle durera. — Une masure chargée de lierre.

Sic sors mea. Telle est ma destinée. — Un roseau battu des vents.

Sic vitam inveniet. C'est ainsi qu'il trouvera à revivre. — Un épi de blé égrené sur la terre.

Securitas altera. Double assurance. — Une herse que l'on met aux portes des villes et citadelles.

Sono dure macare. Elles sont cruelles, mais elles sont chères. — Un amour recevant des chaînes d'une femme.

Semper flamma comes. Le feu me suit partout. — Une fusée volante.

Superest dum vis movetur. Je monterai tant que j'aurai de la force. — Une flèche dardée en l'air.

Sino che torni. Jusqu'à son retour. — Un tournesol.

Sic pulchriora pereunt. Les plus belles choses périssent ainsi. — Plusieurs fleurs renversées dans un parterre par le vent.

Stat sua cuique dies. Nos jours sont comptés. — Un bois taillis abattu, et des blés coupés.

Sic expecto ut resurgam. Je l'attends pour me relever. — Un girasol ou tournesol, la tête baissée vers la terre, vers le soleil couchant.

Si mihi libertas. Si je puis une fois être libre, prenez garde à vous. — Un oiseau de proie attaché à sa perche.

Sara qual fui. Je serai tel que j'étais. — Un phœnix renaissant de ses cendres.

Stimulata ferocior. Il est plus farouche quand on le pique. — Un ours.

Sua munita pudore. Sa retenue la conserve. — Une nacre fermée.

Segura alos soplos. Elle ne craint point le vent. — Une chandelle dans une lanterne.

Sequar et attingam. Je les suivrai et je les joindrai. — Une barque qui suit de loin de grands vaisseaux.

Suavis a suave. Mon odeur deviendra douce. — Un bouton de rose fermé.

Spe illectat inani. C'est pour tromper. — Un leure pour la fauconnerie.

Temeritas. Ils ne savent ce qu'ils font. — Un lion attaqué en vain de plusieurs petits animaux.

Temeritas. C'est une témérité que cette insulte. — Un Hercule assis avec ses armes ordinaires, et un enfant armé qui l'attaque.

Tanto uberius. J'en repousserai avec plus de force. — Un arbre dont les branches ont été coupées.

Turbata delectat. Je me plais à boire dans l'eau trouble.— Un chameau qui trouble, avec le pied, un ruisseau où il veut boire.

Turpibus exitium. Les bonnes choses nuisent aux méchants. — Une rose ouverte, et dedans un escarbot.

Triumphali e stipite surgens. Je sors d'un tronc accoutumé aux triomphes. — Un laurier dont les grosses branches sont coupées, et il n'en reste qu'une au sommet.

Tribulatio ditat. Les afflictions sont utiles. — Du blé mis et étendu pour être battu avec un fléau.

Totus ignis lucem timet. Il est tout feu, mais il craint la lumière. — Un lion fuyant d'un flambeau.

Talis amor teneat. Heureux si nous pouvions trouver de pareils amis. — Un chien mort près le tombeau de son maître.

Tandem. Elle ira enfin sur le haut. — Une tortue montant sur une colline.

Terræ commercia nescit. Il n'a point de commerce avec la terre. — L'oiseau du paradis qui n'a point de pieds, et qui vole toujours.

Taciturnior. Il n'est plus temps de chanter. — Un rossignol avec ses petits.

Terram perlustrat et undas. Il éclaire la mer et la terre. — Un phare sur le bord de la mer.

Tempore et loco. Il sait le lieu et le temps. — Un crocodile sur les bords du Nil, ou rivière.

Turpibus exitium. La bonne odeur fait mourir les animaux puans. — Un rosier fleuri que de vilaines mouches mangent.

Terit et teritur. Elle use, mais elle est usée. — Une pierre à aiguiser.

Tædet cœli convexa tueri. Il me déplait de ne pouvoir voir le ciel. — Une taupe dont la tête est en terre.

Tegitur, parat dum fulmina. Il se cache avant la tempête. — Un soleil couvert d'un nuage.

Tegitur, parat dum fulmina. Il se cache avant la tempête. — Un soleil couvert d'un nuage.

Tot horæ quot vires. Je marquerai les heures à proportion de mes forces. — Un cadran d'horloge.

Turbat, sed extollit. — Il l'agite, mais il l'élève. — Un vent qui agite une mer.

Tuta pedamina pacis. Ce sont les meilleurs fondements de la paix. — Un olivier sur un trophée d'armes.

Tantum mihi crescit in horas. Le soleil en se couchant et s'éloignant, augmente ma douleur. — Un soleil couchant dont les ombres allongées, marquent l'heure sur un cadran.

Tibi soli. C'est pour le soleil seulement. — Un héliotrope.

Temeritas. Cet homme est l'image de la témérité. — Un chariot emporté par deux chevaux, dans un précipice, avec un homme qui les y pousse à coups de fouet.

Transfundit pasta venenum. Ce repas les empoisonne. — Des guêpes qui mangent un serpent.

Tot gradus, tot gressus. Autant qu'il fera de degrés, je ferai autant de tours. — Un héliotrope sous un soleil.

Tacendo consului vitæ. Mon silence me sauve la vie. — Une oie sur une manière de forteresse.

Transit benefaciendo. Son passage fait du bien. — Un soleil.

Tal canta che incanta. Il chante si bien qu'il enchante. — Un oiseau sur un tronc d'arbre.

Te stante virebo. Je subsisterai tant que vous me soutiendrez. — Une colonne entourée de lierre.

Unum nihil, duos plurimum posse. — Un des deux ne peut rien faire seul : mais étant ensemble, ils peuvent tout. — Un homme armé, et un habillé en homme de justice.

Una piu che mille. Une m'est plus que mille. — Une lune au milieu des étoiles.

Ultio justa. La vengeance en est juste. — Un corbeau qui tient dans son bec un scorpion qui le pique à la gorge.

Undique tutus. Je suis à couvert de toutes parts. — Un coq sur un laurier.

Uno eodemque igne. C'est un seul et même feu qui nous brûle. — Un chandelier portant plusieurs flambeaux allumés ensemble.

SOCIÉTÉS

SOCIÉTÉ FRANÇAISE DE NUMISMATIQUE

Séance du 9 mai. — Le président lit une lettre du docteur Eddé, d'Alexandrie, relative à la mention de médaillons faux faite p. xxxiv des procès-verbaux de la Société pour 1902. M. Blanchet fait d'abord remarquer que le nom de M. le docteur Eddé ne figure pas dans cette mention. C'est donc à titre purement gracieux que la Société fera mention de la lettre où le docteur affirme l'authenticité des médaillons dont il est possesseur. M. G. Bordeaux communique, de la part de M. Eichler, une monnaie de cuivre d'un évêque de Liège ; un écu d'or de François Ier pour le Dauphiné, postérieur à la fermeture des trois ateliers de cette province ; une maille tournois de fabrique anormale, peut-être étrangère. M. Blanchet, expose l'interprétation nouvelle que M. Villers donne des pièces de Lyon, dites à l'hôtel de Rome et d'Auguste.

Séance du 6 juin. — Ont été admis comme membres correspondants : MM. William Eichler, à Bordeaux ; Jules Meili, à Zurich ; Georges Cumont, à Bruxelles.

M. Adrien Blanchet a fait une communication sur les cachettes de monnaies gauloises de Bretagne. La plupart semblent avoir été enfouies à l'approche des troupes de César. M. Paul Bordeaux a présenté une obole carolingienne d'une localité inconnue, peut-être de l'atelier de Lodève.

TROUVAILLES

— Dans le courant du mois de mai dernier, aux environs d'Albi, a été faite une trouvaille d'écus d'or appartenant aux règnes de Charles VI, Charles VII, Louis XI, Louis XII ; il y avait aussi quelques saluts d'or de Henri VI. Nous ne connaissons pas l'importance du trésor : 197 pièces en très bon état de conservation nous sont parvenues.

— A Verneuil-l'Étang (Seine-et-Marne), découverte semblable, mais ne comprenant qu'une cinquantaine de pièces.

— Dans la démolition d'une vieille propriété, à Rue (Somme), on a découvert des écus et demi-écus d'argent de Louis XIV, frappés pendant la période 1645-1680; le même vase contenait aussi des louis d'argent de 30 sols de Louis XIII, 1642; on ignore le nombre exact de ces pièces.

DÉCOUVERTE D'UN TRÉSOR

M. Gaston Léger, fermier à La Saulsotte, a trouvé ces jours derniers, dans une de ses terres, 1.400 pièces de différentes grandeurs, toutes en argent. Elles étaient renfermées dans un vase de grès.

Le champ où cette trouvaille a été faite n'est cultivé que depuis 1848. Avant, il faisait partie d'un bois.

C'est un véritable trésor que M. Léger vient de découvrir; ces pièces romaines, bien conservées, sont toujours très recherchées des amateurs.

(Communiqué par M. A. Estienne.)

LES VENTES

Collection Delamain ; *vente du 20 juin 1903*. Prix d'adjudication (non compris les 10°|o). — N° 1, 3 frs. — N° 2, 68 frs. — N° 3, 30 frs. — N° 4, 16 frs. — N° 5, 44 frs. — N° 6, 32 frs. — N° 7, 22 frs. — N° 8, 50 frs. — N° 9, 10 frs. — N° 10, 8 frs. — N° 11, 2 frs. — N° 12, 68 frs. — N° 13, 20 frs. — N° 14, 43 frs. — N° 15, 4 frs. — N° 16, 74 frs. — N° 17, 7 frs. — N° 18, 46 frs. — N° 19, 55 frs. — N° 20, 23 frs. — N° 21, 14 frs. — N° 22, 31 frs. — N° 23, 21 frs. — N° 24, 28 frs. — N° 25, 12 frs. — N° 26, 7 frs. — N° 27, 11 frs. — N° 28, 57 frs. — N° 29, 35 frs. — N° 30, 36 frs. — N° 31, 25 frs. — N° 32, 20 frs. — N° 33, 14 frs. — N° 34, 125 frs. — N° 35, 48 frs. — N° 36, 10 frs. — N° 37, 40 frs. — N° 38, 16 frs. — N° 39, 12 frs. — N° 40, 11 frs. — N° 41, 5 frs. — N° 42, 9 frs. — N° 43, 41 frs. — N° 44, 5 frs. — N° 45, 40 frs. — (Pas de n° 46.) — N° 47, 10 frs. — N° 48, 9 frs. — N° 49, 5 frs. — N°s 50 et 51, 45 frs. — N°s 52 et 53, 8 frs. — N°s 54 et 55, 79 frs. — N° 56, 6 frs. — N° 57, 2 frs. 50 — N° 58, 60 frs. — N° 59, 47 frs. — N°s 60 et 61, 4 frs. — N° 62, 81 frs. — N° 63, 47 frs. — N° 64, 3 frs. 50 — N° 65, 56 frs. — N°s 66 et 67, 5 frs. 50 — N° 68, 95 frs. — N° 69, 75 frs. — N° 70, 8 frs. — N° 71, 76 frs. — N°s 72 et 73, 57 frs. — N°s 74 et 75, 3 frs. — N° 76, 161 frs. — N°s 77 et 78, 2 frs. — N° 79, 69 frs. — N°s 80 et 81, 3 frs. — N° 82, 6 frs. — N°s 83, 84 et 85, 3 frs. — N°s 86 et 87, 12 frs. — N° 88, 4 frs. — N° 89, 5 frs. — N° 90, 10 frs. — N° 91, 5 frs. — N° 92, 78 frs. — N° 93, 3 frs. — N° 94, 15 frs. — N° 95, 22 frs. — N° 96, 4 frs. 50 — N°s 97 et 98, 35 frs. — N°s 99 et 100, 24 frs. — N° 101, 12 frs. — N°s 102 et 103, 18 frs. — N° 104, 23 frs. — N° 105, 19 frs. — N° 106,

20 frs. — Nᵒ 107, 47 frs. — Nᵒ 108, 33 frs. — Nᵒ 109, 32 frs. — Nᵒ 110, 40 frs. — Nᵒ 111, 50 frs. — Nᵒ 112, 18 frs.— Nᵒ 113, 13 frs.— Nᵒ 114, 38 frs. — Nᵒ 115, 14 frs. — Nᵒ 116, 4 frs. 50 — Nᵒˢ 117 et 118, 5 frs. — Nᵒ 119, 5 frs. — Nᵒ 120, 40 frs. — Nᵒ 121, 16 frs. — Nᵒ 122, 15 frs. — Nᵒ 123, 25 frs. — Nᵒ 124, 6 frs. — Nᵒ 125, 18 frs. — Nᵒ 126, 15 frs. — Nᵒ 127, 30 frs. — Nᵒˢ 128 et 129, 25 frs. — Nᵒ 130, 3 frs. — Nᵒ 131, 3 frs. — Nᵒ 131 *bis*, 3 frs. 50. — Nᵒˢ 132 et 133, 5 frs. — Nᵒ 134, 3 frs. — Nᵒ 134 *bis*, 4 frs. — Nᵒ 135, 11 frs. — Nᵒ 136, 105 frs.— Nᵒ 137, 90 frs. — Nᵒˢ 138 à 140 *bis*, 5 frs. 50 — Nᵒ 141, 35 frs. — Nᵒˢ 141 *bis* et 142, 2 frs. — Nᵒ 143, 22 frs. — Nᵒ 144, 18 frs. — Nᵒ 145, 22 frs. — Nᵒ 145 *bis*, 28 frs. — Nᵒ 146, 35 frs. — Nᵒ 147, 3 frs. — Nᵒ 148, 10 frs. — Nᵒ 149, 6 frs.— Nᵒˢ 150 et 151, 37 frs. — Nᵒ 152, 35 frs. — Nᵒ 153, 5 frs. — Nᵒˢ 154 et 154 *bis*, 20 frs. — Nᵒ 155, 7 frs.— Nᵒ 156, 12 frs. — Nᵒ 156 *bis*, 16 frs. — Nᵒ 157, 12 frs. — Nᵒ 158, 17 frs. — Nᵒˢ 159 et 160, 23 frs. — Nᵒ 161, 35 frs. — Nᵒ 162, 25 frs. — Nᵒ 163, 4 frs. — Nᵒˢ 164 et 166, 23 frs. — Nᵒ 165, 28 frs. — Nᵒˢ 167 et 168, 25 frs. — Nᵒ 169, 100 frs.— Nᵒ 170, 1 fr.— Nᵒˢ 171 et 172, 22 frs. — Nᵒ 173, 23 frs.— Nᵒ 174, 14 frs.— Nᵒ 175, 15 frs.— Nᵒ 176, 23 frs.— Nᵒ 177, 56 frs.— Nᵒ 178, 7 frs.— Nᵒ 179, 6 frs. — Nᵒ 180, 23 frs. — Nᵒ 181, 24 frs. — Nᵒ 182, 60 frs. — Nᵒ 183, 31 frs. — Nᵒˢ 184 et 185, 46 frs. — Nᵒ 186, 21 frs. — Nᵒˢ 187 et 188, 27 frs. — Nᵒ 189, 14 frs. — Nᵒˢ 190 et 191, 25 frs. — Nᵒ 192, 22 frs. — Nᵒ 193, 20 frs. — Nᵒ 194, 18 frs. — Nᵒ 195, 10 frs. — Nᵒˢ 196 et 197, 23 frs. — Nᵒ 198, 8 frs. — Nᵒ 199, 6 frs. — Nᵒ 200, 15 frs. — Nᵒ 201, 17 frs. — Nᵒˢ 202, 203 et 204, 8 frs. — Nᵒ 205, 12 frs. — Nᵒ 205 *bis*, 29 frs. — Nᵒ 206, 16 frs. — Nᵒ 207, 17 frs. — Nᵒ 208, 6 frs. — Nᵒ 209, 1 fr. 50 — Nᵒˢ 210 et 211, 15 frs. — Nᵒ 212, 190 frs. — Nᵒˢ 213 et 214, 12 frs.— Nᵒ 215, 13 frs. — Nᵒˢ 216 et 217, 8 frs. — Nᵒ 218, 5 frs. — Nᵒ 219, 500 frs. — Nᵒˢ 220, 221 et 222, 10 frs. — Nᵒˢ 223 et 224, 10 frs. — Nᵒ 225, 12 frs. — Nᵒ 225 *bis*, 12 frs.— Nᵒ 226, 26 frs. — Nᵒ 227, 12 frs.— Nᵒˢ 228, 229 et 230, 9 frs. 50 — Nᵒ 231, 430 frs. — Nᵒ 232, 37 frs. — Nᵒˢ 233 et 234, 2 frs. — Nᵒ 235, 40 frs. — Nᵒ 236, 4 frs. — Nᵒ 237, 18 frs. — Nᵒ 238, 99 frs. — Nᵒ 239, 22 frs. — Nᵒˢ 240 et 241, 3 frs. 50 — Nᵒˢ 242 et 243, 11 frs. — Nᵒ 244, 10 frs. — Nᵒ 245, 4 frs. 50 — Nᵒ 246, 31 frs. — Nᵒ 247, 9 frs. — Nᵒˢ 248 et 249, 13 frs. — Nᵒ 250, 4 frs. 50. — Nᵒˢ 251 et 252, 3 frs. — Nᵒ 253, 15 frs. — Nᵒ 254, 2 frs. — Nᵒ 255, 8 fr. 50 — Nᵒˢ 256 et 257, 8 frs. — Nᵒˢ 258 et 260, 6 frs. — Nᵒˢ 259, 261, et 262, 5 frs. — Nᵒ 263, 75 frs. — Nᵒ 264, 19 frs. — Nᵒ 265, 45 frs. — Nᵒ 266, 46 frs. — Nᵒ 267, 23 frs. — Nᵒˢ 268, 269 et 270, 2 frs. — Nᵒ 271, 4 frs. 50 — Nᵒˢ 272, 273, 274, 9 frs. — Nᵒ 275, 5 frs. 50 — Nᵒ 276, 5 frs. — Nᵒˢ 277 et 279, 2 frs. 50 — Nᵒ 278, 3 frs. 50 — Nᵒ 280, 3 frs. — Nᵒ 281, 47 frs. — Nᵒ 282, 161 frs. — Nᵒ 283, 58 frs. — Nᵒ 284, 17 frs. — Nᵒ 285, 10 frs. — Nᵒ 286, 31 frs. — Nᵒ 287, 14 frs. — Nᵒˢ 288 et 289, 9 frs. 50 — Nᵒˢ 290, 291 et 292, 10 frs. — Nᵒ 294, 3 frs. 50 — Nᵒˢ 293, 295 à 297, 6 frs.— Nᵒ 298, 6 frs. — Nᵒ 299, 7 frs.— Nᵒˢ 300 et 301, 3 frs 50 — Nᵒˢ 302 et 303, 12 frs. — Nᵒˢ 304 et 305, 6 frs. 50 — Nᵒˢ 306, 307 et 308, 20 frs. — Nᵒˢ 309, 28 frs. — Nᵒˢ 310, 311 et 312, 8 fr. 50 — Nᵒˢ 313-314, 5 frs. 50 — Nᵒ 315, 9 frs. — Nᵒ 316, 6 frs. — Nᵒ 317, 8 frs. — Nᵒ 318, 9 frs. — Nᵒ 319, 5 frs. — Nᵒ 320, 35 frs. — Nᵒ 321, 14 frs. — Nᵒ 322, 17 frs. — Nᵒˢ 323 et 324, 6 frs. 50 — Nᵒ 325, 3 frs. — Nᵒˢ 326 et 327, 6 frs. — Nᵒˢ 328 et 329, 10 frs. — Nᵒˢ 330 et 331, 2 frs. 50 — Nᵒˢ 332 et 333, 12 frs. — Nᵒ 334, 63 frs. — Nᵒ 335, 33 frs. — Nᵒˢ 336 et 337, 141 frs. — Nᵒ 338, 14 frs. — Nᵒ 339, 23 frs. — Nᵒ 340, 14 frs. — Nᵒ 341, 20 frs.— Nᵒ 342, plus un double ducat de Ph. II, pour Milan, 36 frs. — Nᵒˢ 343 à 349, 23 frs. — Nᵒ 350, 26 frs. — Nᵒˢ 351 à 356, 31 frs.

— Nᵒˢ 357 à 363, 33 frs.— Nᵒ 364, 35 frs. 50 — Nᵒ 365, 40 frs.— Nᵒ 366, 159 frs.— Nᵒ 367, 68 frs. — Nᵒ 368, 101 frs. — Nᵒ 369, 15 frs.— Nᵒˢ 370 et 371, 35 frs. — Nᵒ 372, 5 frs. — Nᵒ 373, 10 frs.— Nᵒˢ 374 à 377, 505. — Nᵒ 377 *bis*, Pocy d'Avant, 54 frs. — Nᵒ 378, 130 frs. — Nᵒ 379, 29 frs. — Nᵒ 380, 2 frs.

Le Gérant : CONSTANT BOURDONNAIS.

MACON, PROTAT FRÈRES, IMPRIMEURS

CORRESPONDANCE NUMISMATIQUE

Afin de permettre à nos lecteurs de se renseigner mutuellement sur les différents sujets concernant leurs travaux numismatiques, nous insérerons désormais à cette place, sous la rubrique Correspondance Numismatique, *toutes les communications qui nous seront faites à ce point de vue ; nous espérons faciliter ainsi à nos abonnés la recherche, la communication ou l'échange des monnaies, médailles ou jetons qui les intéressent ; ils pourront également nous faire parvenir leurs demandes de renseignements, ainsi que leurs réponses aux questions posées.*

La rubrique Correspondance Numismatique *est réservée aux* abonnés du Bulletin.

LES MONNAIES OBSIDIONALES D'ANVERS[1]

(1814)

Les monnaies obsidionales tirent leur nom du mot latin *obsidio* (siège) ; ce sont celles que le gouverneur d'une place de guerre, assiégée ou bloquée, se voit dans la nécessité, par suite de la rareté du numéraire, de faire frapper ou couler pour solder la garnison et faciliter les échanges.

« La bizarrerie de leurs formes irrégulières n'est pas moins variée que le choix de leur matière, puisqu'il s'en trouve en or, argent, cuivre, étain, plomb, même en cuir, papier et carton : ce sont quelquefois de simples empreintes sur la cire ou sur le pain à cacheter : les unes sont rondes, quarrées ou octogones, les autres de formes prises au hasard et à la hâte. »

---

1. Nous présentons à nos lecteurs l'intéressant travail, paru dans le *Carnet de la Sabretache du 31 mai 1903,* de M. le Commandant Martin, qui a bien voulu nous y autoriser.

A cette énumération pittoresque faite par Tobiesen Duby [1], capitaine d'une compagnie d'invalides, dans son *Recueil des pièces obsidionales*, qui parut en 1786, il convient d'ajouter les *Bons* ou *papiers-monnaie obsidionaux* qui furent employés depuis la publication de cet ouvrage.

Cette branche de la science des médailles, que nous croyons pouvoir appeler *numismatique militaire*, est si attachante pour ses adeptes qu'elle nous paraît devoir trouver une modeste place dans le *Carnet*, avec l'espoir qu'elle intéressera les membres de la *Sabretache*, toujours friands de curiosités militaires. Les monnaies obsidionales, si recherchées aujourd'hui par les numismates, sont de véritables documents métalliques, c'est-à-dire à peu près indestructibles, qui traverseront les siècles et, à défaut des documents écrits ou imprimés (le papier est si fragile!), constitueront les preuves authentiques des sièges mémorables. Elles en perpétueront le souvenir comme les *monnaies légionnaires*, retrouvées chaque jour dans le sol des diverses contrées qui formèrent l'immense *Empire romain*, nous remettent en mémoire les conquêtes de ses légions et leur servent de justification historique.

Après ce court exposé, occupons-nous de mettre en lumière les documents originaux relatifs aux *monnaies obsidionales du siège d'Anvers en 1814*. Ces documents, trouvés dans les papiers du général Carnot, et qui nous ont été obligeamment communiqués par M. le capitaine Carnot, fixent d'une façon certaine la frappe de ces monnaies qui, jusqu'à ce jour, ont été décrites sans détails précis sur leur fabrication et les quantités mises en circulation.

On le sait, Carnot, dans sa lettre historique du 24 janvier 1814, inspirée par le plus pur patriotisme, offrit spontanément ses services à

---

1. Tobiesen Duby (Pierre, Ancher), né en 1721, dans le canton de Soleure, alla en 1730 en Danemark et fit ses études à Copenhague. Il se rendit ensuite en France qu'il adopta pour sa patrie. Entré dans la Colonelle Générale des Suisses, il fut blessé de deux coups de feu et eut une cuisse emportée à Fontenoy (1745). Admis à l'hôtel des Invalides où il devint capitaine d'une compagnie, il s'attacha à étudier « les monnaies obsidionales et de nécessité, comme plus analogues à son goût et à l'état militaire auquel il s'était voué ». Tobiesen Duby mourut le 19 novembre 1782; le recueil qu'il avait préparé fut publié par Michelet d'Emery. Cet ouvrage, édité avec luxe, a pour titre : *Recueil général des Pièces obsidionales et de nécessité, gravées dans l'ordre chronologique des événements*, etc... à Paris, chez Debure l'aîné, 1786, in-4°.

Napoléon qui, après l'avoir lue, dit à Clarke, son ministre de la Guerre : « Je le nomme gouverneur d'Anvers; c'est une des clefs de l'Empire, notre arsenal et notre boulevard du Nord. Expédiez-lui ses pouvoirs sur le champ [1]. » Les Anglais, commandés par Graham, et les Prussiens, sous les ordres de Bulow, commençaient déjà à bloquer cette place.

Lorsque les employés du ministère de la Guerre voulurent rédiger les lettres patentes de Carnot, ils s'aperçurent avec surprise que l'ancien membre du Comité de salut public, qui créa tant de généraux « avoit *oublié* son propre avancement [2] » et ne possédait que le grade de chef de bataillon du génie [3]. On se souvint heureusement qu'il avait été nommé par le premier Consul *inspecteur général aux revues,* dont les fonctions donnaient le rang de *général de division,* et ce titre fut porté sur son brevet.

*
* *

Parti de Paris le 30 janvier, Carnot arriva à Anvers le 2 février, après un rapide et heureux voyage. Le nouveau gouverneur se mit de suite au courant. non seulement de la situation militaire, mais aussi de l'administration de la place. Cette administration avait été fort négligée : il n'existait plus de réserve de finances; « la détresse des officiers était

---

1. Carnot remplaçait comme gouverneur le duc de Plaisance, fils de l'ancien consul Lebrun.

2. *Mémoires de Carnot,* publiés par son fils.

3. Carnot (Lazare-Nicolas-Marguerite), né le 13 mai 1753 à Nolay, dans la partie de la Bourgogne qui forme le département de la Côte-d'Or. Lieutenant en 2e, élève à l'École du Génie de Mézières, le 1er janvier 1771 ; lieutenant en premier, le 1er janvier 1773 ; rang de capitaine d'infanterie, le 14 décembre 1783; député du Pas-de-Calais à l'Assemblée Législative, le 1er octobre 1791; député du Pas-de-Calais à la Convention nationale, le 21 septembre 1792; adjoint au Comité de salut public, le 14 août 1793; président de la Convention nationale, le 5 mai 1794; sorti du Comité de salut public par la voie du sort, le 1er septembre 1794; chef de bataillon, sous-directeur du Génie, le 21 mars 1795; membre du Conseil des Anciens, le 19 octobre 1795; membre du Directoire Exécutif, le 4 mars 1795; président du Directoire Exécutif, le 30 avril 1796; condamné à la déportation, le 5 septembre 1797; autorisé à rentrer en France, le 24 décembre 1799; inspecteur général aux revues, le 7 février 1800; ministre de la guerre, le 2 avril 1800; démissionnaire de ces fonctions, le 8 octobre 1800; membre du Tribunat, le 27 mars 1802; rentré dans la vie civile à la suppression du Tribunat, le 19 avril 1807; remis en activité dans le grade de général de division et nommé gouverneur d'Anvers, le 25 janvier 1814; mis en demi-solde à son retour en France, en mai 1814 ; ministre de l'Intérieur, le 25 mars 1815; pair de France, le 2 juin 1815; membre de la Commission de Gouvernement, le 22 juin 1815; compris dans l'ordonnance de proscription du 24 juillet 1815; exilé en vertu de la loi du 12 janvier 1816; décédé à Magdebourg, le 2 avril 1823. — Chevalier de Saint-Louis, le 16 mai 1792; membre de la Légion d'honneur, le 14 juin 1804. Créé comte de l'Empire, le 21 mars 1815. Le nom du général Carnot est inscrit au côté nord de l'Arc de Triomphe de l'Étoile. (Archives administratives du ministère de la Guerre.)

telle qu'ils vendaient leurs meubles ou leurs effets de valeur, pour se couvrir et se chausser; les matelots n'avaient pas de quoi payer leur tabac; les soldats mendiaient dans les rues; plus de trois mois de solde étaient arriérés [1] ». L'or avait disparu de la ville, l'argent était devenu rare et le manque de numéraire s'y faisait sentir au détriment de la garnison, du commerce de détail et de l'exact paiement des travaux exécutés par les ouvriers.

Tout en dirigeant la défense d'Anvers avec la compétence technique que possédait l'auteur du célèbre *Traité de la défense des places fortes*, Carnot se rendit vite compte de cette triste situation qu'il expliquait en ces termes :

Chacun est créancier et débiteur, ce qui est cause d'une grande gêne pour les habitants; l'équilibre est rompu entre la ville et les communes rurales qui ne paient plus leurs fermages et soutirent le peu de monnoie de la ville en y apportant des provisions et n'y achetant presque plus rien.

Pour remédier à cet état de choses, Carnot se vit dans la nécessité d'exiger des banquiers et des plus riches habitants de la ville un emprunt forcé de 1.278.000 francs; de plus, il prit ses dispositions pour faire frapper des monnaies obsidionales.

Dès le 10 février, M. Lair, chef du génie maritime et colonel des ouvriers militaires, fournissait une *note sur une fabrication de monnaies obsidionales*, dont nous donnons les extraits suivants :

La quantité de cuivre qui existe au magasin général de la marine consiste en 336.127 kilogrammes...

Ces cuivres seront à la marine d'une utilité indispensable lorsque l'on reprendra les constructions et les armements. Elle ne peut les céder que pour une nécessité absolue dont je ne puis être juge. Ils lui représentent une valeur d'au moins 1.500.000 francs. Si dans les circonstances actuelles, il devient d'une grande urgence de faire de l'argent avec ces matières, il seroit à désirer qu'on pût se procurer cette somme, soit en les vendant, soit en les donnant en nantissement : mais si la chose est impossible et qu'on se trouve réduit à la nécessité de les métamorphoser en monnoie de billon, je crois que l'on pourroit s'y prendre de la manière suivante : en ayant soin de commencer par fondre les pièces dont la main-d'œuvre a exigé le moins de travail et de réserver les autres pour la dernière extrémité.

Je crois que des pièces de 5 et 10 centimes fabriquées avec ce mélange de nos deux espèces de cuivre et du poids des pièces françoises, seroient reçues sans difficulté.

Pour frapper la monnoie, je serois d'avis de n'employer que le mouton; les grands

---

1. *Mémoires de Carnot*.

balanciers exigeroient un travail préparatoire trop long et n'iroient pas si vite...

J'estime qu'il faudroit trois petits balanciers pour découper les flans que pourroient frapper deux moutons; ainsi il nous faudroit neuf petits balanciers pour l'entretien des six moutons et deux pour rechange.

Si l'on fondoit au creuset, il ne faudroit pas moins de quinze petits fourneaux pour l'entretien des six moutons; mais peut-être seroit-il préférable de se servir des établissements que le Sr Wolschot a dans la ville?...

Le 9 mars, J. F. Wolschot, fondeur de la monnaie, fit les propositions suivantes pour la fabrication des pièces de cuivre de la valeur de cinq centimes, suivant le modèle donné par le gouverneur :

Considérant les grands frais à faire pour établir les presses et mécaniques y appartenant; le soussigné propose et s'engage à fondre dans le plus court délai possible la quantité de monnoie ci-dessus mentionnée, moyennant trois kilogrammes de matières brutes contre deux kilogrammes de confectionnés, ou d'être payé de son salaire de la même monnoie, en prenant pour base le kilogramme de cuivre au prix de trois francs.

J. F. WOLSCHOT.

Après examen des conclusions du rapport du chef du génie maritime et des propositions de M. Wolschot, Carnot qui avait fait composer un *avers* et un *revers* de la monnaie qu'il se proposait de mettre en circulation, en arrêta la fabrication par l'ordre du jour suivant[1] :

Vu la difficulté qu'éprouve le commerce de détail dans la place d'Anvers, par le défaut d'une suffisante quantité de monnoie circulante, et la nécessité de pourvoir au service journalier de la garnison;

Le général de division Gouverneur arrête qu'il sera fabriqué sans délai, une monnoie obsidionale, qui aura cours à Anvers jusqu'à ce que l'état de siège soit levé.

Cette monnoie sera composée de pièces de cuivre, valant intrinsèquement à peu près cinq centimes, lesquelles seront données et reçues en paiement dans les caisses publiques et dans les transactions particulières, pour la même valeur de cinq centimes.

Cette monnoie portera pour timbres d'un côté en exergue ces mots : *Monnoie obsidionale*, et au milieu *5 centimes*, de l'autre côté en exergue : *Anvers 1814*, et au milieu, la lettre majuscule N entourée d'une couronne de laurier[2].

J. P.[3] Wolschot, fondeur de la marine, est exclusivement chargé de la fabrication de cette monnoie.

· Anvers, le 10 mars 1814.

Le Général de division Gouverneur,
CARNOT.

---

1. Cet ordre du jour fut imprimé sous forme de placard par L. P. Delacroix, rue Bonaparte, n° 702, à Anvers.

2. C'est donc à tort que le lieutenant-colonel d'artillerie belge Mailliet dit : « une couronne d'olivier » dans *Atlas des monnaies obsidionales et de nécessité* (Bruxelles, 1868-1871).

3. D'après la signature autographe de Wolschot, les initiales de ses prénoms sont J. F. et non J. P.

M. Wolschot dut se mettre de suite au travail, puisque, par ordre du gouverneur, en date du 11 mars, 150 kilos de vieux cuivre de doublage et 150 kilos de bronze en débris de canon, lui furent livrés par l'Arsenal *pour épreuves de la fonte de la monnoie obsidionale*.

Le lendemain, 12 mars, Carnot écrivit au préfet maritime Kersaint :

Ayant jugé nécessaire d'ordonner par notre arrêté du 10 mars, qu'il seroit fait à Anvers une monnoie obsidionale composée de cuivre et fonte de canon, et le magasin général de la marine étant pourvu de ces matières au delà des besoins journaliers du service, M. le Préfet maritime remettra au Sr Wolschot, fondeur, chargé par nous de la confection de cette monnoie, les cuivres et bronzes qui lui seront demandés par ce particulier ; les billets de demande seront visés par nous, pour servir de décharge au magasin général de la marine.

Le Sr Wolschot ne pouvant briser chez lui les pièces de canon, cette opération sera faite par la marine qui tiendra compte des dépenses qu'elle occasionnera afin qu'elle soit supportée sur la façon de la monnoie par le Sr Wolschot, auquel il est accordé 7 kilos 43c pour cent de déchet pour le cuivre et 5 pour cent sur le bronze.

Par son ordre du jour du 10 mars, Carnot n'avait prescrit que la fabrication de monnaie obsidionale de *5 centimes* ; il le compléta le 16 du même mois en ordonnant, comme il suit, la frappe de pièces de *10 centimes* :

Pour accélérer autant que possible la fabrication et l'émission de la monnoie obsidionale créée par l'ordre du jour du 10 courant, le général de division Gouverneur arrête : qu'en outre des pièces de cinq centimes, il en sera fabriqué de dix centimes, absolument du même type ; quarante de ces pièces pèseront le kilogramme et, par conséquent, quatre-vingts de celles de cinq centimes pèseront également le kilogramme.

Nous l'avons vu, M. Wolschot fut d'abord seul chargé de la fabrication de la monnaie obsidionale. Mais ses établissements métallurgiques ne pouvant suffire à toute la main-d'œuvre, le gouverneur estima qu'au lieu de s'adresser à d'autres entrepreneurs, il serait préférable de confier une partie du monnayage aux ouvriers de la marine. Par arrêté en date du 3 avril, il donna l'ordre suivant :

M. le Préfet maritime fera fabriquer de la monnoie obsidionale dans l'arsenal de la marine.

Il y eut d'abord tentative de résistance de la part des officiers et des onctionnaires du port. Après avoir pris connaissance de l'arrêté de

Carnot, l'inspecteur de la marine des Essards s'empressa d'écrire le 4 avril au préfet maritime :

Comme S. E. le Ministre de la marine pourrait désapprouver une opération qui n'est avantageuse que pour le département de la guerre; comme nous devons justifier de nos observations en tems et lieu à ce sujet ; comme il n'y a pas de nécessité de nous immiscer dans l'établissement ou la comptabilité d'un atelier monétaire qui n'offre à la marine que des charges et une responsabilité sans bénéfice, je crois, Monsieur le Préfet, devoir vous proposer d'inviter S. E. le Gouverneur à laisser au Sr Wolschot la fabrication de la monnaie obsidionale sans la faire partager aux ouvriers du port.

Le 5 avril, le Préfet maritime Kersaint écrivit à son tour, dans le même sens, au gouverneur, en terminant sa longue lettre par ces considérations :

Si malgré ces observations, dont la plus forte est que les matières appartenant au Gouvernement ne peuvent, en principe, être délivrées sans que quelqu'un en devienne responsable, vous tenez, Monsieur le Gouverneur, à ce que votre arrêté soit exécuté en tous points, je m'y conformerai pour ne pas retarder la fabrication d'une monnaie bien nécessaire sans doute, puisque pour l'obtenir, les circonstances commandent de n'avoir aucun égard à la perte qui résultera de cette opération pour la marine et aux retards qu'occasionnera le manque de cuivre pour son service ultérieur.

Ce sont ces deux motifs qui me déterminent à prier Votre Excellence de vouloir bien me donner les derniers ordres à cet égard. Je crois néanmoins utile et nécessaire de la prier en même temps de m'autoriser, du moins provisoirement, à ne destiner pour le moment à la fabrication de la monnaie obsidionale, que les cuivres non ouvrés et à conserver ceux dont la perte de la façon occasionnerait une dépense trop considérable; d'autant plus que ces derniers, tels que les cloux, les ferrures de gouvernail, les tuyaux de pompes et autres objets de cette nature, peuvent nous être ultérieurement et même dès à présent, nécessaires aux réparations de l'Escadre et aux constructions neuves.

Bien entendu, Carnot, tout en tenant compte de ces observations, maintint, avec juste raison, son arrêté. Le rapport qui suit, établi par le chef du génie maritime Lair, le 30 avril 1814, résume avec clarté tout l'historique du monnayage obsidional d'Anvers.

Pour satisfaire aux besoins journaliers de la garnison, Monsieur le Général de division Gouverneur de la ville d'Anvers, a jugé convenable de faire frapper de la monnaie obsidionale. Cette monnaie composée d'un alliage fait avec du cuivre rouge et du bronze provenant du bris de canons hors de service, le tout tiré des magasins de la marine, a été frappée en pièces de cinq et de dix centimes, quatre-vingts pièces de cinq centimes ou quarante de dix centimes pesant un kilogramme : ce qui est à peu près la valeur du cuivre dans les tems ordinaires.

Le Sr Wolschot, fondeur à Anvers, fut d'abord seul chargé de la fabrication de cette monnaie; mais les besoins allant toujours croissant, Monsieur le Gouverneur a jugé convenable de faire fabriquer de semblable monnaie dans les ateliers de la marine. On s'est, en conséquence, occupé dans cet arsenal de construire les machines et fourneaux nécessaires pour pousser cette opération avec activité. Les mesures étaient prises pour que, sous un mois, cet arsenal fournit par jour, quatre mille francs de monnaie obsidionale : mais la cessation des hostilités a fait suspendre toutes les dispositions qui avaient été faites à cet égard, et l'on s'est borné à se servir des machines qui existaient dans l'arsenal en arrêtant la construction des autres.

Le Sʳ Wolschot a ce jour pour environ 17.000 francs de monnaie, cy.,..   17.000

La marine, avec les machines qu'elle avait à sa disposition et dont elle s'est servie provisoirement, en a fabriqué pour environ 3.000 francs, cy....   3.000

Total.. Fr. 20.000

Anvers, le 30 avril 1814.

Le chef du génie maritime,
colonel des Ouvriers militaires de la marine,

LAIR.

Commandant Eᴍᴍ. MARTIN.

(*A suivre*).

REVUE DES REVUES

Gazette numismatique française, dirigée par M. Fernand Mazerolle. — ɪʳᵉ livraison 1903.

R. Richebé. *Jules-Marie-Augustin Chautard, 1825-1901. Biographie et bibliographie.*

M. Raimbault. *Les médailles et les jetons des États de Provence, d'après des documents inédits des Archives des Bouches-du-Rhône.*

A. de Fayolle. *Médailles et jetons municipaux de Bordeaux.*

H. Denise. *La discussion de la loi de Germinal an XI.*

J. de Foville. *La gravure en médailles aux Salons de 1903.*

J. Momméja. *Les tableaux-médailles.*

Ferdinand-Dreyfus. *La médaille du 4 août et le marché de la gravure passé par Liancourt.*

Périodiques. — Nouvelles diverses.

Revue numismatique, dirigée par MM. A. de Barthélemy, G. Schlumberger, E. Babelon. Secrétaire de la Rédaction : M. A. Dieudonné. — 4ᵉ série. Tome VII, 2ᵉ trimestre 1903.

Poncet (Dʳ E.). *Oboles de Marseille et monnaies à légende nord-étrusque, à propos d'une trouvaille faite près de Valence (Drôme).*

Blanchet (Adrien). *L'influence de l'art grec dans le nord de la Gaule Belgique.*

Mowat (R.). *Contribution à la théorie des contremarques romaines.*

Babelon (E.). *L'iconographie monétaire de Julien l'Apostat.*

Gérin-Ricard (H. de) et Arnaud d'Agnel (abbé). *Découverte d'un trésor à Tourves en 1366.*

Chronique. — Nécrologie. — Bulletin bibliographique. — Périodiques.

Berliner Münzblatter, begrundet von Adolph Weyl. NEUE FOLGE, herausgegeben von Emil Bahrfeldt.

— N° 20. Août 1903.

Corpus numorum aeris gravis, von D^r jur. E. J. Haeberlin.
Erdichtete Medaillen, von F. Friedensburg.
Ueber die Chronologie der Münzen des Marcus Antonius, von M. Bahrfeldt.
Münzen der Stadt Lübeck, von Heinr. Behrens.
Neue medaillen und munzen.
Numismatische Gesellschaft zu Berlin.

— N° 21. Septembre 1903.

Ein Beitrag zum Werke Hans Reimers, von Dr Julius Cahn.
Ueber die Chronologie der Münzen des Marcus Antonius, von M. Bahrfeldt.
Nachträge zu Dannenbergs, « *die deutschen Münzen der sächsischen und fränkischen Kaiserzeit* ».
Die Münzen der reichsunmittelbaren Burg Friedberg i. d. Wetterau, von Ernst Lejeune.
Corpus numorum aeris gravis, von D^r jur. E. J. Haeberlin.
Der Goldmünzenfund von Suckow, von Ed. Grimm.
Numismatische Correspondenz, 489 n^{os}.

— N° 22. Octobre 1903.

Ein thaler Joachims II von Brandenbourg vom Jahre 1556, von Emil Bahrfeldt.
Corpus numorum aeris gravis, von D^r jur. E. J. Haeberlin.
Erdichtete Medaillen, von F. Friedensburg.
Die Münzen der reichsunmittelbaren Burg Friedberg i. d. Wetterau, von Ernst Lejeune.
Neue munzen und medaillen.
Numismatische Gesellschaft zu Berlin.

Frankfurter Münzzeitung, von Paul Joseph.

— N° 33. Septembre 1903.

Die niederländischen und belgischen Münzen des Aachener Fundes, von P. J.
Zum Fürstenjubiläum des Hauses Fugger-Babenhausen, von P. J.
Neue medaillen.

— N° 34. Octobre 1903.

Zwei Batenburger Nachahmungen, von P. J.
Numismatische Miscellen aus der altdeutschen Litteratur, von Dr Edward Schröder.

Monatsblatt der numismatischen Gesellschaft in Wien.

— N° 240. Juillet 1903.

Nekrolog Anton Scharff.
Ueber einige auffallende Münznominale, von Ed. Forchheimer.

— N° 241. Août 1903.

Der internationale Münzkongress in Rom, 3 bis 9 april 1903, von Ferd. Penker.
Numismatische Literatur.

— N° 242. Septembre 1903.

Der internationale Münzkongress in Rom, 3 bis 9 april 1903.

Blätter für Münzfreunde, von Dr H. Buchenau.

— N° 8. 1903.

Der Brakteatenfund von Niederkaufungen, von H. Buchenau.
Neue päpstliche medaillen.
Neue deutsche münzen und medaillen.
Modernes Geld-und münzwesen.

O Archeologo português, publicada pelo Museu ethnologico português.

— N° 4. Avril 1903.

Antiguidades do concelho de Miranda do Douro, J. L. de V.
Sociedade archeologica da Figueira, P. Belchior da Cruz.
Estudos de numismatica colonial portuguesa, M. J. de Campos.
Antiguidades romanas de Alfazeirão, José Carvalhes.
Miscellanea archeologica, Pedro A. de Azevedo.
Protecção dada pelos Governos, corporações officiaes e Institutos scientificos a archeologia.
Extractos archeologicos das « Memorias parochiaes de 1755 », P. A. de Azevedo.

Numismatic Circular, Spink & Son's monthly.

— Août 1903.

Biographical notices of Medallists, etc. (*Harrewyn-Hebenstreilt*), L. F.
Sketches of European continental History, etc., Frank C. Higgins.
Varia. — Numismatic books, catalogues, societies, etc.

— Septembre 1903.

Biographical Notices of Medallists, etc. (*Heaton-Heinrich*), L. F.
The coins of Italy (Genoa), Philip Whiteway.
Ticinum o Tarraco, O. Voetter.
Lo scudo d'oro di Paolo III. Conio di Benvenuto Cellini, G. Castellani.
Notes of a numismatist's Holiday in Northern France, A. W. H.
Tir cantonal Valaisan à Monthey, les 22-29 juin 1903, A. R.
Notes upon the 18th century tokens and their issuers, A. W. Waters.
Notes on War medals, C. W.
Numismatic societies, books, finds, etc.

The Numismatist.

— N° 8. Août 1903.

Eccentricities of coin valuation, A. G. Heaton.
Unusual numismatic specimens, D^r. B. P. Wright.
Rare find of old coins. — Dug up a pot of gold.
Coins of Bible places. — Roman coins.
Some new issues of coins, Howland Wood.

— N° 9. Septembre 1903.

A group of numismatic specimens of the reign of George III, Dr B. P. Wright.
The coins of republican Rome, G. F. Heath.
Coins of Bible places. — American numismatic association.

Bolletino di numismatica e di arte della medaglia, periodico men-
sile del *Circolo numismatico Milanese*. Direttore : Dr Serafino Ricci.
— N° 8. Août 1903.

S. Ricci. *Il Circolo numismatico Milanese al Congresso internazionale di scienze storiche
in Roma.*

P. Monti-L. Laffranchi. *Le sigle monetarie della zecca di « Ticinum » dal 274 al 325.*

S. Ricci. *I simboli religiosi sulle monete e medaglie non papali : La croce con gli stru-
menti della Passione su una moneta di Filippo II.*

E. Gnecchi. *Uno scudo di Gian Battista Spinola, principe di Vergagni.*

Atti del Circolo numismatico milanese.

BIBLIOGRAPHIE

Perini (Quintilio). — *Famiglie nobili trentine*; *la famiglia Betta di
Arco, Revò e Castel Malgolo* (Rovereto, 1903, extrait dagli *Atti dell'
I. R. Accademia di Scienze, Lettere ed Arti degli Agiati in Rovereto*).
— *Di alcune monete inedite della zecca di Merano* (Londres, 1902;
extr. de la *Numismatic Circular*).

(Hommage de l'auteur.)

MÉDAILLES NOUVELLES

— *La plaquette de M. Combes.* La Monnaie vient de recevoir les coins d'une plaquette à l'effigie de M. Combes. Cette plaquette a été gravée par M. Prud'homme.
Le portrait, simplement souligné du nom : Émile Combes, est en profil gauche.

— *Le centenaire de Berlioz.* A l'occasion du centenaire de Berlioz, les admirateurs
du maître ont demandé au graveur Dupré une médaille commémorative que vient de
terminer cet artiste.

A l'avers, est un très beau portrait de Berlioz, à mi-corps ; devant lui, la partition
des *Troyens* qu'il vient d'écrire ; sous le portrait, en bandeau, un bas-relief représentant une scène du chef-d'œuvre du maître ; et à côté, une banderole portant cette
devise : *Insano Cassandræ incensus amore*, et des fleurs. Le nom, enfin, est inscrit en
haut de la médaille qui est de forme rectangulaire : *Hector Berlioz, 1803-1869.*

Au revers, M. Dupré a gravé une très jolie composition allégorique. Dans un site
printanier d'une exquise fraîcheur, sorte de paradis élyséen, un buste de Berlioz a été
dressé sur une stèle antique, et une jeune fille — la Postérité — agenouillée, se plaît
à le parer de fleurs et de lauriers.

En légende : *Grenoble et La Côte Saint-André à Hector Berlioz, 1903.*

*
* *

— *La monnaie de Crète.* Notre Hôtel des Monnaies est en train d'exécuter une
importante commande de monnaie, qui lui a été faite par le gouvernement de l'île

de Crète. Il paraît que les Crétois attendent avec impatience le moment où ils pourront se servir de ces pièces, symboles de la reconnaissance de leur autonomie nationale.

Le système monétaire crétois se composera de pièces d'argent de 5, 2 et 1 drachmes (la drachme équivaut à un franc de notre monnaie), de pièces de nickel valant respectivement 20, 10 et 5 leptas (le lepta équivaut à un centime) et de pièces de bronze de 2 et 1 leptas. L'ensemble de cette commande représente 2.600.000 francs.

A l'heure actuelle, la monnaie de nickel est frappée, et l'on s'occupe d'exécuter la monnaie d'argent.

A l'avers est gravée la tête du prince Georges, avec cette devise : « Le prince Georges, protecteur et gouverneur de la Crète. »

Au revers, se trouvent les armes de la Crète. C'est un écusson à côtés égaux, terminé en pointe vers la partie inférieure et partagé, par une croix, en quatre rectangles. Le rectangle supérieur de gauche porte, en son milieu, une étoile à cinq branches.

L'écusson renferme la couronne royale, portant une sphère surmontée d'une croix. Le tout est placé au-dessous des insignes du royaume, avec un manteau drapé tout autour.

Cette composition est l'œuvre de M. Borrel.

Les commandes étrangères affluent, d'ailleurs, à l'Hôtel des Monnaies. Sitôt cette émission finie, notre atelier national devra s'occuper d'une commande du gouvernement brésilien, également très importante.

LECTURES

— *Présents au Roi d'Italie.* On sait que S. M. Victor-Emmanuel III est un numismate des plus distingués, et, à ce sujet, nous disions récemment l'importance de ses collections. Le Gouvernement ne pouvait donc trouver de plus heureuse idée que celle d'offrir au souverain une collection numismatique ; cette collection comprend un choix de nos médailles les plus belles de la Renaissance, des XVIIe et XVIIIe siècles et des œuvres de nos maîtres modernes, — admirables reproductions en or ou en argent. Le tout est contenu dans un coffret, véritable chef-d'œuvre, en maroquin rouge du Levant, décoré de petits fers Louis XVI ; au centre du couvercle sont gravées en or les armes de la République française ; aux quatre angles, le monogramme R F entrelacé de feuillages de chêne et de laurier.

L'intérieur recouvert de velours cramoisi et de soie rouge contient cinq tiroirs disposés en médailliers sur lesquels sont posées les médailles.

La première tablette, dès l'ouverture du coffret, présente les portraits de trois princesses de la famille royale : Marie-Thérèse de Savoie, comtesse d'Artois ; Marie-Adélaïde, duchesse de Bourgogne ; Marie-Louise, reine d'Espagne et des Indes. Puis les plus fines médailles aux effigies de Louis XV, Louis XVI, Marie-Antoinette et Napoléon Ier.

La seconde porte la collection complète des portraits de Louis XIV, huit admirables médailles, gravées par Maugé, Mollard, Varin.

Sur la troisième figurent les médailles les plus célèbres de la Renaissance : Charles IX, François Ier, puis Louis XIII, Richelieu, Mazarin, et des pièces commémoratives de grands événements de l'histoire de France.

Les deux derniers tiroirs-tablettes sont consacrés aux œuvres les plus remarquables du XIXe siècle : de très beaux portraits de Louis XVIII, de Charles X, de Louis-Philippe et de sa famille, de Napoléon III ; les œuvres les meilleures de Barre ; puis enfin la plaquette des funérailles de Carnot, et le Gambetta de Roty ; les profils de Victor Hugo et de Chevreul, les portraits de Berthelot et du président Loubet par Chaplain.

En même temps que ce coffret, une médaille a été offerte au roi et à la reine d'Italie, en commémoration de leur visite à Paris ; c'est un des jolis spécimens de la collection historique de la Monnaie, jadis gravé par C. N. Roettiers fils. Le module est de 63 millimètres. A l'avers, qui fut, jusqu'à ce jour le revers, est représentée la façade de l'Hôtel des Monnaies, « du côté de la rivière, sur laquelle on voit quelques barques et différents groupes de personnages » ; en légende : *Auro, argento, aeri flando feriundo*, à l'exergue : *Aedes aedificate, 1770*. Au revers, une inscription classiquement commémorative et la date de la visite.

LES FAUX-MONNAYEURS DE STRASBOURG (1803)

Il y a cent ans, raconte la *Post* de Strasbourg, un jeune graveur sur cuivre se présentait chez un commissaire de police de cette ville et lui faisait la déclaration suivante : «Un étranger, est venu chez moi et m'a commandé une planche représentant des billets de banque autrichiens de cinq florins. J'ai exécuté la commande et l'ai portée aujourd'hui même à telle adresse. Comme je suppose que cette planche doit servir à fabriquer de faux billets, j'ai cru devoir vous en avertir. »

Le commissaire de police Zeys, accompagné d'agents, se rendit aussitôt à l'adresse indiquée. Il y arrêta un baron autrichien, dont les papiers semblaient d'ailleurs parfaitement en règle, et, à la suite d'une perquisition minutieuse dans la maison, y découvrit une quantité prodigieuse de papier à filigrane. Encouragée par ce premier succès, la police continua ses recherches et ne tarda point à mettre la main sur d'autres individus suspects, chez lesquels elle trouva trois caisses pleines de billets faux, les uns de 10, les autres de 50 florins. A force d'investigations, elle acquit la preuve que le baron avait pour complice un de ses compatriotes, un épicier nommé Gais, et que la fabrication des faux billets devait commencer à bref délai dans la propre maison de ce dernier. En conséquence, Gais fut arrêté et son domicile fouillé. Dès les premiers pas, les agents tombèrent sur un attirail complet. Le doute n'était donc plus permis.

Les autorités françaises portèrent immédiatement ces faits à la connaissance du gouvernement autrichien. Celui-ci délégua un de ses fonctionnaires pour assister les magistrats chargés d'instruire l'affaire à Strasbourg, et l'on se convainquit aussitôt que ce complot avait des proportions très supérieures à celles qu'on lui avait assignées à l'origine. Il ne s'agissait de rien moins que de lancer chaque année six millions de florins faux en remplacement d'un nombre égal de billets qui étaient retirés de la circulation. Il était donc évident que la bande de faux-monnayeurs avait des complices parmi les employés de la Banque de Vienne.

Le gouvernement autrichien, comprenant la gravité de la situation, promit une gratification de 10.000 florins à celui qui lui dénoncerait les coupables ; le commissaire de police Zeys reçut 1.000 francs, le graveur sur cuivre 200 louis d'or et le préfet de Strasbourg une bague superbe, envoyée directement par l'empereur. En même temps, le conseiller des finances Hopfe et un haut fonctionnaire de la Banque de Vienne débarquèrent à Strasbourg pour aider de leurs lumières le magistrat instructeur.

Un beau jour, quelques-uns des inculpés firent des aveux complets et l'on connut alors toute l'étendue de ce complot formidable. Des arrestations nombreuses furent pratiquées à Marseille, Gênes, Milan, Vienne, Prague, Lemberg, Francfort-sur-le-Mein et Bruxelles. En vertu d'un accord avec le gouvernement autrichien, les personnes arrêtées — une cinquantaine pour le moins — furent transférées à Strasbourg. A part quelques gros personnages, c'étaient en majorité des banquiers et des commerçants. Une feuille, depuis longtemps disparue, le *Strassburger Weltbote*, écrivait à leur sujet :

« Ils sont bien traités dans nos prisons et jouissent de tout le confortable possible. On les amène en voiture chez le juge d'instruction. L'affaire est menée avec le plus grand zèle; d'ailleurs, elle éveille l'intérêt le plus vif. On assure que ces procès sont indépendants les uns des autres. Il est étonnant que, du même coup, ces différents individus aient eu l'idée de faire des billets faux et de porter un coup mortel aux finances autrichiennes. Les faussaires avaient, dit-on, si bien pris leurs mesures que, de leur propre aveu, la Banque de Vienne aurait sauté au bout d'un mois. »

Le *Weltbote* donnait ensuite à entendre qu'il y avait du louche en cette affaire et que « certaine puissance — inutile de la nommer, elle est assez connue pour sa perfidie — ne devait pas y être étrangère. »

Le 20 octobre 1803, comparurent devant les assises du Bas-Rhin : 1º le baron Franz Shlawakse de Semmin, 2º Lorenz Gais, 3º Daniel Kahn, 4º Martin Wetzel, 5º Ignaz Blum, 6º Philipp Makrander. Le premier, qui avait fait des aveux complets, fut reconnu coupable, mais la cour décida qu'il serait transféré à Vienne, où les tribunaux auraient à prononcer une condamnation contre lui. Gais et Blum, reconnus coupables aussi, bénéficièrent de l'article 546 du Code pénal (comme dénonciateurs) et furent acquittés. Kahn fut condamné à quinze ans de fers. En outre, il fut marqué et exposé pendant six heures. Wetzel, reconnu coupable, fut, en sa qualité de Suisse, mis à la disposition de ses *juges naturels*. Makrander fut acquitté.

Les autres accusés, au nombre de cinquante, furent jugés, les uns à Marseille, les autres à Bruxelles, à Francfort-sur-le-Mein et à Vienne, mais le *Weltbote* ne dit pas quel fut leur sort.

TAHITI. — LE BAMBOU-MONNAIE

Longtemps les Tahitiens se sont servis pour leurs usages avec les Européens, de bambous remplis d'huile de coco. Les récipients étaient choisis de même diamètre et de même longueur entre deux nœuds. On avait ainsi une unité d'échange, une monnaie.

Le baleinier Melville qui séjourna à Tahiti en 1842, rapporte le fait (*Omoo, a Romance of the South Seas, chap. XVII.*)

Le vieux chef Ori a Ori le confirme en 1903, en attribuant à cette unité une valeur d'environ un franc à l'époque où elle servait.

Longueur totale 109 cm. ; d'un nœud à l'autre 84 cm.; diamètre 7 cm. — Un nœud est percé, à l'intérieur, d'un trou d'environ 15 mm., bouché par une cheville de bois.

E. ZAY.

— *Pièces démonétisées.* Les pièces de 50 centimes, à l'effigie de Napoléon III, vont être retirées de la circulation.

L'administration des finances a donné des instructions pour que les caisses publiques gardent par devers elles toutes celles qu'elles recevront.

Les pièces démonétisées seront renvoyées à l'Administration des monnaies, où elles seront remplacées par des pièces de « la Semeuse ».

— A propos de l'émission de la monnaie de nickel en France, rappelons les divers pays où l'on trouve la monnaie de nickel. La Suisse, la Belgique, la Serbie, la Bulgarie, l'Allemagne possèdent des pièces dont la composition est d'un quart de nickel et de trois quarts de cuivre. Les pièces allemandes sont de 5, de 10 et de 20 pfennigs. Le Portugal, la Roumanie, la Crète possèdent des coupures en bronze de nickel. La Suisse possède, en outre, des pièces de 20 centimes en nickel pur. L'Autriche-Hongrie a frappé un nombre considérable de pièces en métal pur de deux types : l'un pour l'Autriche, l'autre pour la Hongrie. Enfin, l'Italie a adopté exactement la coupure de 25 cens en nickel pur.

En Asie, la Perse possède pour vingt millions de pièces de nickel ; la Corée a des pièces d'environ 12 cens et demi ; le Japon a remplacé la pièce en nickel de 5 sen par une couronne de nickel d'environ 25 centimes.

En Afrique, l'Égypte seule possède des pièces de nickel.

En Amérique, les États-Unis ont la pièce de 5 cens.

Le Brésil, la Colombie, la Bolivie, l'Équateur, la République Argentine en possèdent également. Les pièces de la Jamaïque contiennent 20 de nickel pour 80 de cuivre ; le Chili a des pièces de bronze de nickel à 5 %.

Enfin, la Réunion et la Martinique ont émis récemment des « Bons pour 1 franc » et « 50 centimes » qui sont de la véritable monnaie de nickel.

La France, où la monnaie de nickel sera sans doute fort bien accueillie du public, en émettra pour quatre millions de francs.

Recueil d'emblèmes, devises, médailles et figures hiéroglyphiques, par le Sieur Verrier, maître-graveur, à Paris M.DCC.XXIV avec privilège du Roi (*Suite*).

Uno per l'altro. L'un pour l'autre. — Deux amours se présentant chacun leur cœur.

Unius coloris. Il est égal partout. — Un cigne dans l'eau.

Ut duo unum componant. Afin de n'en faire qu'un des deux. — Deux cœurs enflammés.

Ut placeat, taceat. S'il veut plaire, il doit se taire. — Un paon étalant sa queue et chantant.

Undique terror. Elle donne de la terreur partout. — Une montagne enflammée.

Utile dulci miscet. Elle est utile et agréable. — Une cassolette fumante.

Ut vivat. Pour vivre. — Un phœnix dans un feu.

Ut prudenter vivam. C'est afin de vivre prudemment. — Un serpent qui se bouche l'oreille avec le bout de sa queue.

Unicuique. Propre à la guerre et à la paix. — Un aigle éployé tenant un foudre dans l'une de ses serres, et dans l'autre une branche d'olives.

Ulterius ne tende odiis. Abstiens-toi de l'invective. — Une main qui laisse tomber une plume à écrire.

Uro quod urit. Je brûle ce qui brûle les autres. — Un fusil et un caillou dans un feu.

Une pereunte, trescit alter. L'un finit, l'autre croît. — Un étang dont la surface est tracée de plusieurs cercles.

Unum peperi. Je n'ai qu'un seul enfant. — Une lionne.

Una binis. Une seule flamme pour deux personnes. — Un flambeau tenu par deux mains.

Utrum libet. Paix ou guerre. — Une branche d'olives, qui entoure une masse d'armes.

Utilis orbi. C'est ainsi qu'il est utile au monde. — Apollon qui tue à coups de flèches le serpent python, qui désolait la terre.

Ut semper aspiciar. Je suis élevée pour être vue de tout le monde. — Une très haute montagne.

Ut sit velocior. Afin qu'elle aille plus vite. — Un amour qui met des ailes à une tortue.

Unam petii à Domino. Je n'ai demandé que cela à Dieu. — Une couronne.

Ut prosint. C'est pour en tirer du profit. — Un parterre de fleurs sur lequel volent des abeilles.

Unus idemque inter diversa. Il est le même dans la diversité. Deux cœurs liez par un las d'amour.

Uni servio. Je ne sers qu'à Dieu. — Un aigle tenant un foudre sous le soleil.

Utinam non deprimar. Dieu veuille qu'il fasse toujours beau temps. — Un thermo-mètre.

Uram, vel urar. Ou je brûlerai, ou je serai brûlé. — Un bûcher allumé.

Uni patet. Elle s'ouvre pour un seul. — Une coquille.

Unam non omnes. Elle n'en veut qu'à une, et non pas à toutes. — Une flèche à 'étoile polaire.

Urit et nunquam. Je ne descends jamais. — Une grosse flamme.

Undique frustrà. Je suis en vain battue de toutes parts. — Une pyramide dans la mer, battue des flots et des vents.

Virtus hinc major. Son odeur en est plus agréable. — Une épine blanche, avec un arc-en-ciel au-dessus.

Vigilate timentes. Prenez garde à vous. — Un serpent caché sous l'herbe.

Vita tamen superest. Bien qu'elle ne soit plus en terre, elle vit encore. — Une herbe nommée joubarbe, faite comme un artichaud.

Vim suscitat via. La colère réveille ma force. — Un rhinocéros qui tue un ours avec sa corne.

Velantur mollia duris. Sa douceur a une écorce dure. — Un châtaigner chargé de fruits.

Vulneror ut sanem. On me blesse pour guérir. — Un arbre de baume distillant par des incisions qu'on lui a faites.

Volenter trahimur. Je m'y attache volontairement. — Une pierre d'aimant qui attire une épée.

Le Gérant : Constant BOURDONNAIS.

MACON, PROTAT FRÈRES, IMPRIMEURS

CORRESPONDANCE NUMISMATIQUE

Un de nos plus anciens collaborateurs a publié dans le numéro de novembre 1898, p. 104, de notre *Bulletin* sous la signature de Parisis, l'état de caisse du cordonnier Gilles Foulon, d'après l'inventaire dressé après le décès de sa femme, le 18 avril 1575, par Mes Marque et Fanyn, notaires du Roi au Châtelet de Paris.

Le même correspondant, chercheur infatigable malgré son grand âge, nous communique l'extrait suivant de l'inventaire fait le jeudi 22 octobre 1534, par les notaires Desarmoy et Hamelin, après le décès de Guillaume Langlois l'aîné, maistre chandelier de suif et bourgeois de Paris.

On verra quelle variété de monnaies possédait ce bourgeois et il ne sera pas indifférent de comparer sa caisse avec celle de Gilles Foulon quarante ans plus tard.

Voici l'extrait de cet inventaire :

Un sac de toile dedans lequel il y a plusieurs espèces de monnaies, testons, tournois, petites pièces de six blancs et aultres pièces de monnaie blanche pesant 12 marcs 2 onces de poids.

Item trois cent quarante six livres tournois en lyards.

Item vingt deux escus soleil.

Item sept escus à la couronne.

Treize ducats.

Six escus *angl?*

Ung noble à la rose.

Deux angelots.

Ung lion.

Deux *follis?*

Trois imperiales de xxx un sols pièce.

Quatre demi nobles à la rose.

Ung demi angelot.

Ung demi escu à la couronne.

Quatre demi escus soleil.

Deux demies imperiales.

Ung franc à cheval.

Ung demi noble de Bourgogne.

En testons et demi testons du Roy, 103 livres 43 sols tournois.

Quatre testons de Suisse.

Ung teston et demi de Savoie.

En Carolus, douze livres tournois.

En monnaie de deniers, demi deniers et pièces de trois sols — soixante-dix livres.

Espèces de xb (15) deniers — six livres xb sols.
En monnaies estrangeres de plusieurs sortes nn¹ bnˢ Tz.
En Treizins ix¹ nnˢ.

Le demi-noble de Bourgogne est resté une pièce rare. Il a été publié par Gaillard et a été vendu 120 fr. à la vente Meyer.

Il y aura lieu d'identifier les pièces de 15 deniers et les Treizains. Un document cité par Leblanc, du 24 avril 1488, relate le grand blanc au soleil appelé *douzain* et ayant cours pour 13 deniers, et le grand blanc à la couronne appelé *unzain* et ayant cours pour 12 deniers et les gros du Roy valant 3 sols. En 1532, par suite des revers de François Ier, on augmenta la valeur de toutes les espèces d'or, d'argent. Quel blanc fut porté à 15 deniers ?

PARISIS.

*
* *

— *Afin de leur éviter les frais de recouvrement par la poste, nous prions ceux de nos abonnés qui n'ont pas versé le montant de leur abonnement pour l'année 1903 de vouloir bien nous le faire parvenir sans retard.*

*
* *

— *Nous commencerons prochainement la publication d'un* Supplément à l'Histoire monétaire des Colonies françaises *de notre collaborateur,* M. E. Zay.

LES MONNAIES OBSIDIONALES D'ANVERS

(1814)

(*Suite et fin.*)

A la somme indiquée comme fabrication du fondeur Wolschot, il convient d'ajouter celle qu'il frappa après le 30 avril, date du rapport qui précède. Du 19 mars au 2 mai 1814, il fit exactement dix-huit versements [1] à la caisse de M. d'Arcy, payeur de la Guerre à Anvers, et leur montant s'élève à 18.507 fr. 75. Si donc nous ajoutons à cette somme les 3.000 francs fabriqués par la marine, nous arrivons à un monnayage total de 21.507 fr. 75 en pièces de 5 et 10 centimes.

Après l'abdication de Napoléon (11 avril 1814) Carnot refusa de livrer Anvers aux alliés, aussi le monnayage obsidional comporte-t-il deux types différents : l'un se rapporte à Napoléon et l'autre à Louis XVIII.

A quelle date cessa la fabrication des monnaies au grand N, et commença celle aux deux L? Telle est la question qui se pose et qui, à notre connaissance, n'a pas encore été résolue. *Le Manuel de Numismatique du moyen âge et moderne* [2] de Barthélemy dit : « On doit classer au règne de Louis XVIII les obsidionales d'Anvers postérieures au 3 avril 1814. » Cette date nous paraît erronée : en effet, si les alliés entrèrent à Paris le 30 mars, si la déchéance de Napoléon fut prononcée par le Sénat le 2 avril, la nouvelle de ces événements ne fut connue officieusement à Anvers que le 10 avril par une lettre de Bernadotte, prince royal de Suède, à Carnot, et le lendemain par l'arrivée de courriers porteurs de journaux remplis de détails.

Le 12 avril seulement, M. Ferrandin-Gazan, aide de camp du général Dupont, ministre de la Guerre du Gouvernement provisoire, arriva avec une dépêche officielle portant la date du 7 avril, qui notifiait au gouverneur la déchéance de Napoléon et demandait à la garnison d'Anvers « son adhésion aux actes émanés de l'autorité nationale ».

Dans son ouvrage : *Napoléon et Carnot* [3], le général belge Wauwermans donne au sujet du monnayage obsidional le renseignement suivant : « Après la proclamation de Louis XVIII, le fondeur, pour faire preuve de royalisme et sans attendre l'assentiment de Carnot, substitua à l'N impérial le double LL royal. »

Comme la nouvelle officielle de la déchéance de Napoléon n'arriva à Anvers que le 12 avril, que le gouverneur et la garnison n'adhérèrent au nouveau gouvernement que le 18 du même mois [4], nous estimons

---

1. Les bordereaux de ces versements ont été retrouvés dans les papiers du général Carnot.

2. Paris, Roret, in-18 (sans date).

3. *Napoléon et Carnot*, épisode de l'histoire militaire d'Anvers, par le général Wauwermans. Bruxelles et Leipzig, 1888, in-8°.

4. Proclamation de Carnot du 18 avril 1814.

ne pouvoir donner à la substitution sur les monnaies obsidionales, des deux L à l'N, une date antérieure au 13 avril.

Les bordereaux de versements du fondeur Wolschot sont du reste muets au sujet de cette substitution; le dernier de ces bordereaux porte la date du 3 mai.

Carnot, qui avait fait ses adieux aux habitants d'Anvers le 1ᵉʳ mai, quitta cette place deux jours plus tard, après avoir donné l'ordre de briser les matrices et les poinçons qui avaient servi au monnayage. Il avait aussi entièrement réglé les diverses charges financières du siége, en faisant accepter en paiement par les particuliers, pour l'emprunt forcé qu'il s'était vu dans la nécessité de faire : le bronze, le fer, les cuivres et les bois de construction emmagasinés dans l'arsenal de la marine.

Les Anglais et les Prussiens firent leur entrée dans Anvers le 5 mai 1814.

*
* *

D'une façon générale, les monnaies obsidionales cessent d'avoir cours après la levée du siège pendant lequel elles ont été fabriquées; elles sont alors remboursées et fondues. — Celles d'Anvers firent exception à cette règle : « Le soin qu'avait eu Carnot de donner à sa monnaie une valeur intrinsèque pareille à la valeur nominale, la fit survivre aux circonstances. Pendant bien des années, les pièces obsidionales d'Anvers eurent cours en Belgique et en France [1]. » Ce que M. l'intendant général Courtot confirme dans son très intéressant *Aperçu sur les monnaies obsidionales et de nécessité* [2], en disant : « On les rencontrait encore quelquefois dans la monnaie courante avant la grande refonte de 1852. »

Nous avons choisi, parmi les monnaies obsidionales d'Anvers, presque toutes à fleur de coin, que possède M. le capitaine Carnot, les variétés les plus remarquables pour les faire reproduire sur la planche hors texte qui accompagne cette étude.

Il existe encore d'autres variétés qui ne sont déterminées que par des *différents* constitués par les lettres R, V, W, placées à l'*avers* au-

---

1. *Mémoires de Carnot*, par son fils.
2. Paris, Victor Rozier, 1889, broch. in-8°.

dessus ou au-dessous de la couronne de laurier; aussi avons-nous jugé inutile d'en donner la reproduction.

Faisons encore remarquer que ces monnaies sont différemment patinées : la patine est bronzée, rougeâtre ou jaunâtre, suivant l'alliage des matières qui servirent à la fabrication (bronze de vieux canons, cuivre jaune et cuivre avec divers alliages).

En dehors de ces monnaies de bronze, il nous a été donné d'examiner à l'aise, au *Cabinet des médailles de la Bibliothèque nationale*, de superbes et très rares *essais en argent* des monnaies obsidionales d'Anvers de 5 et 10 centimes, de Napoléon et de Louis XVIII.

DESCRIPTION DES MONNAIES [1]

NAPOLÉON Ier

1. — *10 centimes*. — ANVERS 1814, grand N dans une couronne de laurier. — ℞. MONNAIE OBSIDIONALE; dans le champ : 10 CENT. — *Br*.

2. — *10 centimes*. — La même avec JEAN LOUIS GAGNEPAIN [2] sur le ruban qui lie, à l'avers, les deux branches de la couronne. — *Br*.

3. — *5 centimes*. — ANVERS 1814, grand N dans une couronne de laurier, V sous la couronne. — ℞. MONNAIE OBSIDIONALE; dans le champ : 5 CENT. — *Br*.

4. — *5 centimes*. — La même, avec J. L. G. N. (Jean Louis Gagnepain) sur le ruban qui lie, à l'avers, les deux branches de la couronne. — *Br*.

---

1. [Nous reproduisons, dans le texte, les types principaux des monnaies figurant sur la planche qui accompagne le travail de M. le commandant Martin.]

2. Prénoms et nom du graveur.

LOUIS XVIII

5. — *10 centimes.* — ANVERS 1814, deux L entrelacés dans une couronne de laurier, R sous la couronne. — ℞. MONNAIE OBSIDIO-NALE; dans le champ : 10 CENT. — *Br.*

6. — *10 centimes.* — La même, avec des L différents, sans lettre sous la couronne, mais avec JEAN LOUIS GAGNEPAIN sur le ruban qui lie, à l'avers, les deux branches de la couronne. — *Br.*

7. — *5 centimes.* — ANVERS 1814, deux L entrelacés dans une couronne de laurier, avec J. L. G. N. sur le ruban qui lie, à l'avers, les deux branches de la couronne. — ℞. MONNAIE OBSIDIONALE; dans le champ : 5 CENT. — *Br.*

8. — *5 centimes.* — La même avec des L différents et sans inscription sur le ruban, mais avec V sous la couronne. — *Br.*

Commandant EMM. MARTIN.

BIBLIOGRAPHIE

AMBROSOLI (Dʳ SOLONE). — *Manuale de Numismatica.*

La librairie Ulrico Hoepli à Milan vient de faire paraître la troisième édition des Manuels Hoepli. Cette édition, revue et augmentée, présente un point intéressant de plus dans un « *Indice bibliographico* », bibliographie numismatique en petit, et un « Piccolo prontuario latino » ou vocabulaire latin-italien établi à l'usage des numismatistes, en conséquence du vœu émis par le *Congrès* de Rome (1903) « que la langue latine soit la seule en usage dans les descriptions ou les catalogues numismatiques ». Voici la composition de l'ouvrage : Chap. I.

Introduction; II : Notions générales; III : Monnaies grecques; IV : Monnaies romaines de la République; V : Monnaies impériales romaines et byzantines; VI : Numismatique médiévale et moderne ; VII : Médailles; VIII : Mélanges. — Appendice.

Ajoutons que le volume a 250 pages et qu'il est orné de nombreuses gravures, de quatre planches, etc., etc.

RAIMBAULT (MAURICE). — *Les Médailles et les Jetons des États de Provence, d'après des documents inédits des Archives des Bouches-du-Rhône.* Tirage à part de la *Gazette Numismatique française,* 1903. 44 p., 1 pl.

Après la monographie des *Jetons tourangeaux,* par M. le comte Ch. de Beaumont, — des *Jetons angevins,* par M. Planchenault, — nous avons le plaisir de voir apparaître celle des *Jetons des États de Provence,* due aux recherches de notre érudit collaborateur. « La Provence a toujours été pays d'États » et il importait que les documents numismatiques qui rappellent son histoire fussent mis en lumière. Personne n'était mieux placé que M. Raimbault pour mener à bien cette tâche : nous le félicitons d'y avoir si entièrement réussi.

FURIO LENZI. — *Pei Medaglieri Italiani.* Extr. du *Marzocco,* Firenze, 9 août 1903. — *Bibliografia medaglistica inglesa.* Extr. du *Bolletino di Numismatica e di Arte della medaglia,* novembre 1903.

DE BRAY (CAPITAINE). — *Une trouvaille de monnaies romaines.* Extr. du *Bulletin de la Société Archéologique de Sousse,* n° 1, 1903.

La trouvaille que signale M. le capitaine de Bray a été faite, en 1890, sur le domaine de l'Enfida (Tunisie); elle est très nombreuse et contient des petits bronzes des empereurs Gallien, Postume, Victorin père, Tétricus fils, Claude II et Quintille, les pièces aux effigies de Postume, de Victorin et des deux Tetricus composant la majeure partie du petit trésor.

BLANCHET (ADRIEN). — *Le congiarium de César et les monnaies signées « Palikanus ».* Mémoire présenté au Congrès international des Sciences Historiques de Rome, en avril 1903.

Dans cette intéressante étude, M. Blanchet établit que les objets représentés sur le sesterce frappé par un personnage de la famille Lollia, portant le cognomen de *Palikanus*, sont un *vase* ou *congius* et une tessère, *tessera frumentaria*.

Ces types sont en rapport étroit avec le triomphe de César, d'une part, et avec les distributions de blé et d'huile faites à cette occasion, d'autre part.

REVUE DES REVUES

Revue numismatique, dirigée par MM. A. de Barthélemy, G. Schlumberger, E. Babelon. Secrétaire de la Rédaction : M. A. Dieudonné.
— 4ᵉ série. Tome VII, 3ᵉ trimestre 1903.

Tacchella (D.-E.). *Monnaies de la Mésie inférieure (IIᵉ supplément au Corpus)*.
Dieudonné (A.). *Monnaies grecques récemment acquises par le Cabinet des médailles* (suite): *Phrygie, Cilicie*.
Rouvier (Dʳ J.). *L'ère d'Alexandre le Grand en Phénicie (note complémentaire)*.
Parazzoli (A.). *Numismatique alexandrine. I. Le monnayage d'Auguste. II. Les monnaies des nomes*.
Foville (J. de). *Monnaies trouvées à Karnak (Don Rothschild).* — *Sceau d'Athanase, patriarche de Constantinople*.
Chronique. — Nécrologie. — Bulletin bibliographique. — Périodiques. — Procès-verbaux de la Société française de Numismatique.

Gazette numismatique française, dirigée par M. Fernand Mazerolle.
— 2ᵉ livraison 1903.

F. Mazerolle. *Les débuts de la Monnaie du Moulin. Aubin et Alexandre Olivier, conducteurs de la Monnaie du Moulin*.
M. Tourneux. *La médaille du mariage de Louis-Auguste, dauphin, et de Marie-Antoinette*.
A. Evrard de Fayolle. *Médailles et jetons municipaux de Bordeaux* (suite).
H. Denise. *La discussion de la loi de Germinal an XI* (suite).
A. Evrard de Fayolle. *Lettres relatives à des Médailles bordelaises*.
Comptes rendus. — Périodiques. — Nouvelles diverses.

Bulletin international de numismatique, dirigé par M. Adrien Blanchet.
— Tome II, nᵒ 3.

Tachella (D.-E.). *Une nouvelle monnaie de Cabylé*.
Blanchet (A.). *Provenance des bronzes gaulois de Pixtilos*.
Trouvailles. — Sociétés. — Musées. — Nouvelles diverses. — Bibliographie.

Berliner Münzblatter, begrundet von Adolf Weyl. NEUE FOLGE, herausgegeben von Emil Bahrfeldt.

— Nᵒˢ 23-24 Novembre-Décembre 1903.

Das numismatische Berlin der letzten 65 Jahre, von H. Dannenberg.
Ein schwedischer Schmuckbracteat, von F. Friedensburg.
Ein merkwürdiges Probestück, von P. Brinkmann.
Die regensburgischen Konventionspfenninge der Herzöge von Niederbayern aus der Linie Bayern-Holland 1255-1425, von J. V. Kull.
Modern Denkmunzen, von F. Strauch.
Paulus Luther, Luthers sohn, von Dʳ G. Habisch.
Zwei Hohlpfennige des Fundes vom Schimmerwald, von P.-J. Meyer.
Abzeichen auf Münzen, von A. Noss.
Bracteaten. Bernhards III von Sachsen, von Emil Bahrfeldt.
Numismatik und Kunstgeschichte, von Prof. Verworn.
Berliner Medaillen, von C. v. Kühlewein.
Numismatische Correspondenz. 1084 nᵒˢ.

Frankfurter Münzzeitung, von Paul Joseph.

— Nᵒ 35. Novembre 1903.

Eine Kippermünze des Grafen Ernst von Reckheim, von P. J.
Hat Graf Ludwig von Stolberg-Königstein in Frankfurt prägen lassen?, von P. J.
Zwei seltene Münzen des Rhein-und Wildgrafen Karl Walrad zu Grumbach, von P. J.
Ueber deutsche Reichsmünzen, von Bankier A. Fiorino.

— Nᵒ 36. Décembre 1903.

Ein Aachener Münzfund, von P. J.
Ueber einige seltene Münzen, von P. J.
Vier's Heerenbergische Nachahmungen deutscher Münzen, von P. J.

Monatsblatt der Numismatischen Gesellschaft in Wien.

— Nᵒ 243. Octobre 1903.

Ueber den Gebrauch des nationalen Sprachen in numismatischen Schriften.
Aus der Vorstandssitzung vom 7 oktober 1903.

— Nᵒ 244. Novembre 1903.

Theodor Mommsen. — Die Goldprägung der Münzstatte Günsburg.
Ordentliche Versammlung der Numismatischen Gesellschaft am 21 oktober 1903.
Aus der Vorstandssitz ung vom 4 november 1903.

— Nᵒˢ 245. Décembre 1903.

Tarraco oder Ticinum?
Ordentliche Versammlung am 18 november 1903.
Aus der Vorstandssitzung vom 2 dezember 1903.

Blätter fur Münzfreunde, von Dʳ H. Buchenau.

— Nᵒ 9. 1903.

Der bracteatenfund von Niederkaufungen, von H. Buchenau.
Hans Frei's neue plakette auf die Jubelfeier von Waadt.

— N° 10. 1903.

Der bracteatenfund von Niederkaufungen, von H. Buchenau.
Sterlinge K. Johanns von Böhmen, geschladen zu Damvillers.

— N° 11. 1903.

Ueber den Eschenfelder Pfennigfund, von H. B.
Der Bracteatenfund von Niederkaufungen, von H. Buchenau.

— N° 12. 1903.

Der Bracteatenfund von Niederkaufungen, von H. Buchenau.
Der Anhang des Bergschen Münzbuchs, von Edward Schröder.
Neue deutsche Münzen und Medaillen.

O Archeologo português, publicada pelo Museu ethnologico português.

— N°ˢ 5-6. Mai-juin 1903.

Estudos de numismatica colonial portuguesa, M. J. de Campos.
Miscellanea Archeologica, Pedro A. de Azevedo.
Onomatologia arabico-portuguesa, David Lopes.
Machados de duplo anel, Felix Alves Pereira.
Estações prehistoricas dos arredores de Setubal, Marques da Costa.
Uma novidade monetaria da epoca medieval, M. J. de Campos.
A respeito de Conimbriga, J. L. de V.
Inscripção romana inedita, J. A. Tavares.

— N°ˢ 7 à 9. Juillet à Septembre 1903.

A « Memoria » de Fr. Joaquim de Santo Agostinho sobre as moedas, P. A. de Azevedo.
Analecta archaeologica, J. L. de V.
A moeda de ouro de 500 reaes de D. Antonio cunhada em Lisboa, M. J. de Campos.
Archeologia indiano-portuguesa, J. J. L. de Quadros.
Onomastico medieval português, et A. Cortesão.
Ainda a inscripção christã de S. Pedro de Arcos em Arcos de Valdevez, F. Pereira.
Archeologia do Algarve, Henrique Botelho.
Extractos archeologicos das « Memorias parochiaes de 1755, P. A. de Azevedo.

Numismatic Circular, Spink & Son's monthly.

— Octobre 1903.

Sketches of European continental History, etc. Frank C. Higgins.
Biographical notices of Medallists, etc. (Heinrich der Münzer-Héry), L. F.
La Seigneurie de Franquemont, Arnold Robert.
Médailles suisses nouvelles, A. R.
Ticinum o Tarraco? P. Monti-L. Laffranchi.
Varia. — Numismatic books, magazines, catalogues, etc.

— Novembre 1903.

Inedited coins : A penny of the Stirling (?) Mint, under Guillaume the Lion, etc.
S. M. S.
La Seigneurie de Franquemont, Arnold Robert.
Biographical Notices of Medallists, etc. (Heuberger-Hirschvogel), L. F.
Some rare Rosa American pieces, Philip Nelson.

Les monnaies des Papes, Paulucci di Calboli.
Numismatic societies, books, etc. — Varia.

— Décembre 1903.

Inedited coins : A Pattern Crown of Edward VII. — A Badge by Thomas Rawlins (*1645*), S. M. S.
La Seigneurie de Franquemont, Arnold Robert.
Biographical notices of Medallists (Historos-Holbein), L. F.
The coins of Italy, Philip Whiteway.
Varia. — Numismatik societies, etc.

The Numismatist .

— N° 10. Septembre 1903.

Unusual numismatic specimens, Dr B. P. Wright.
The coins of the Popes, Farren Zerbe.
The tokens and medals, A. R. Frey.
The Sung Dynasty of China, G. F. Heath.
Coins of Bible Places. — American Numismatic Association.
Bright money. — The Wright Robbery.
Uncle Sam's gold Bricks.

Bolletino di numismatica e di arte della medaglia, periodico mensile del *Circolo numismatico Milanese*. Direttore : Dr Serafino Ricci.

— N°s 9-10. Septembre-Octobre 1903.

P. Monti-L. Laffranchi. *Le sigle monetarie della Zecca di « Ticinum » dal 274 al 325.*
A. Grassi Grassi. *Ancora delle monete di Ventimiglia.*
M. Piccione. *La tecnica delle falsificazioni.*
S. Ricci. *La medaglie dello Stabilimento Johnson a Milano. — La pagina archeologica-e artistica.*
M. Bahrfeldt. *Ai Numismatici. — Avviso.*

Revue suisse de numismatique, publiée par le Comité de la Société suisse de Numismatique. Directeur : M. P. Ch. Strœhlin.

— 1903. Tome XI. Seconde et dernière livraison.

H. Dannenberg. *Die münzen der deutschen Schweiz zur Zeit der sächsischen und fränkischen Kaiser.*
L. Le Roy. *Rectification à un denier de Henri III, roi d'Allemagne.*
P.-Ch. Strœhlin. *Médailles suisses nouvelles.*
Mélanges. — Comptes rendus et notes bibliographiques. — Trouvailles. — Société suisse de numismatique.

American Journal of Numismatics.

— N° 183. Octobre-décembre 1903.

Frank Sherman Benson. *Ancient greek coins.*
F. P. Weber. *Medals of Centenarians.*
Th. Hall. *A new rosa american two-pence.*

Dr. H. R. Storer. *Medals, jetons and tokens illustrative of Medicine.*
C. P. Nichols. *Medals of the Grand Army.*
R. Marwin. *Masonic medals.*
C. P. Nichols. *Medals of the Spanish-american War.* — Notes.

REVUES NOUVELLES

LE MUSÉE; REVUE D'ART ANTIQUE. Nous nous faisons un plaisir tout spécial d'annoncer à nos lecteurs l'apparition de cette intéressante revue d'art, sous la direction de M. Arthur Sambon, le sympathique et érudit expert. Le but de cette publication est de faire mieux connaître l'Art antique et de faire revivre le culte du Beau, qui a inspiré tant d'artistes dans l'antiquité. Nous sommes intimement persuadés qu'un grand succès attend la jeune Revue. Voici le sommaire du premier numéro, qui vient de paraître :

Eug. Carrière. Esprit et Formes : Unité de l'Art antique. — *A. Sambon.* La réorganisation du Musée de Naples. — *Aug. Rodin.* La leçon de l'Antique. — *Georges Toudouze.* Les Statues peintes de l'Acropole d'Athènes. — La Course : bronze archaïque de la collection Guilhou. — *A. S.* Le Trésor des Cnidiens à Delphes. — L'Exposition de « Burlington Arts Fine Club ». — *Gustave Toudouze.* Les Évocateurs de l'Ame antique : l'Évocation ; Gustave Flaubert. — *Edme Couty.* La Palmette. — *A. Sambon.* La Monnaie primitive de Neapolis en Campanie.

Édition de luxe, nombreuses illustrations, 2 planches.

MÉDAILLES NOUVELLES

Essai de la couronne d'Édouard VII. — Le graveur anglais Bower, s'inspirant du type de la « couronne » innové par Charles Ier, a modelé les coins d'une superbe médaille à l'effigie du roi Édouard VII. A l'avers, Sa Majesté est représentée à cheval, revêtue du manteau du Couronnement et portant l'épée de l'État. Derrière l'effigie, le monogramme de *London.* Légende : EDWARD : VII : D : G : BRITT : ET TERRAR : TRANSMARIN : 1902. Le revers est la copie exacte de celui des monnaies de Charles Ier, avec, toutefois, la légende modifiée ainsi : (Soleil) Q : I : D : S : BRITANNICA·REX· FID : DEF : IND : IMP :

Le vieux style ayant été soigneusement observé, l'effet produit est des plus heureux. La pièce a été frappée en nombre très limité; il n'en existe que 6 exemplaires en or et 26 en argent; il en a été également émis 6 spécimens du poids des vieilles livres d'Oxford.

Médaille commémorative d'une alliance franco-anglaise. — C'est une médaille populaire anglaise en bronze, de grand module, frappée, comme la date l'indique, en 1854. Elle était destinée à commémorer l'alliance franco-anglaise qui précéda la guerre de Crimée.

La médaille porte en exergue une longue inscription enthousiaste, attestant que les deux peuples se sont unis pour aller délivrer en Orient les chrétiens opprimés par les infidèles. Cette rédaction est assez piquante, si on songe que la France et l'Angleterre étaient alliées avec la Turquie contre,la Russie. Mais, à cette époque, l'opinion publique n'y regardait pas de si près.

A l'avers, la médaille porte une figure symbolique de l'alliance.

Le Musée de l'Armée vient de recevoir cette curieuse pièce, qui a été installée salle Bugeaud.   (*Le Journal.*)

— Au cours de la visite que les Parlementaires anglais ont faite au journal *Le Siècle*, dans les salons de l'hôtel continental, il leur a été offert une plaquette commémorative en argent, œuvre du graveur Grégoire.

La médaille, d'une fine et merveilleuse élégance, représente sur sa face principale, debout devant une sorte d'autel antique où le mot *Pax* est gravé, la France et l'Angleterre, personnifiées par deux sveltes figures de femmes. Toutes deux sont vêtues de robes modernes décolletées, sous lesquelles se modèlent leurs formes. L'une, par-dessus sa robe, porte un ample manteau d'hermine, et, sur ses cheveux noués au sommet de la tête, une couronne royale. Coiffée d'un bonnet phrygien, la seconde a dénoué sa chevelure, dont les longues tresses pendent sur ses épaules. Penchée sur sa sœur anglaise, elle l'enlace et lui donne l'accolade. Au fond, une pittoresque mêlée de mâts et de cordages.   (*Le Journal des Arts.*)

LECTURES

La sapèque au Tonkin. — On sait que les indigènes du Tonkin se servent pour leurs transactions ordinaires de sapèques en zinc dont l'usage remonte à une très haute antiquité. Cette monnaie assez grossière et fort encombrante, mais dont la mince valeur — 1.000 pour une piastre — a l'avantage de répondre aux besoins des transactions fort modestes des indigènes, était jadis fabriquée dans les sapèqueries royales. Mais cette fabrication a, depuis longtemps cessé, car elle était fort minime et dépassait même la valeur nominale de la monnaie.

Les Annamites n'y sont pas moins, par tradition, très attachés. Ils n'ont pu, jusqu'à ce jour, et ne pourront sans doute pas de longtemps encore s'habituer à l'usage de la piastre et de sa division centésimale. Le taux du change de la piastre en sapèques a beaucoup varié depuis cinq ou six ans, et cette variation porte une grave atteinte aux intérêts de la population indigène. Il y avait autrefois six ou sept ligatures à la piastre. Ce change est actuellement tombé à quatre et même à trois ligatures dans quelques provinces. Les causes principales de ce nouvel état de choses très alarmant résident dans la baisse de l'argent et, par conséquent, de la piastre, et plus encore dans la diminution du stock non renouvelé de sapèques en circulation en Indo-Chine, résultant de la destruction progressive de cette monnaie de zinc.

Il s'agit de rechercher les moyens les plus économiques pour fondre et jeter dans la circulation un grand nombre de nouvelles sapèques, en trouvant si possible un nouveau type de pièce, soit que l'on conserve le zinc, soit qu'on emploie un alliage nouveau. Il est vraisemblable que les ressources locales étant insuffisantes au point de vue de l'outillage à employer, le soin de cette frappe sera confié à l'administration de la Monnaie de Paris. Quoi qu'il en soit, la situation actuelle est digne de toute l'attention des pouvoirs publics.

La ligature se compose de 600 sapèques, ou *dong*, enfilées en chapelet, qui forment un *quan* (unité de compte) et pesant environ 1 kilo 50. 60 sapèques forment un *tiên*.

10 *tien* font un *quan*. Le lien de paille qui les réunit se rompt souvent, les pièces s'éparpillent, se cassent, il faut les ramasser et renfiler une à une ces six cents rondelles de zinc.

Dix *quans* réunis en bloc forment un *chue* ne pesant pas moins de 15 kilog.; nos soldats et nos marins disent « une gueuse » par comparaison avec les pains de fonte qu'on emploie comme lest à bord des navires.   (*Comm. et renseign. de M. E. Zay.*)

En vertu d'une décision du Ministre des beaux-arts, prise avec l'assentiment des intéressés, les médailles appartenant à son administration pourront désormais être librement acquises aux guichets de la Monnaie, sans qu'il soit besoin pour cela d'une autorisation ministérielle. Le contingent des médailles mises à la disposition du public va se trouver, de ce fait, augmenté dans des proportions très notables. On y trouvera, outre bon nombre de pièces intéressantes, des morceaux véritablement hors de pair, tels que les *Funérailles du président Carnot*, de Roty, ou la *Visite de l'escadre russe à Toulon*, de Chaplain. Voici, d'ailleurs, la liste complète, quelques morceaux seulement exceptés, dus à MM. Alfred Borrel, Mouchon, Lagrange, Soldi et Vernier, des pièces mises désormais à la disposition de la Monnaie et que le public trouvera dans ses bureaux de vente.

De M. Bottée. — Concours de musique, centenaire de l'Internat, centenaire du Muséum d'histoire naturelle.

M. Chaplain. — Exposition universelle de 1867, prix d'honneur du Salon, Conservatoire de musique, défense de Paris, aux lauréats des écoles de dessin, le président Carnot, le président Faure, le président Émile Loubet, visite de l'escadre russe à Toulon, portrait de M. Liard, constitution des Universités, inauguration de l'École des arts industriels de Roubaix, Université de Paris.

M. Coudray. — Union coloniale.

M. Alphée Dubois. — Inauguration du monument Victor Cousin, M. Gréard (Congrès des instituteurs), prix de peinture du Salon (Bergers d'Arcadie), proclamation de la République, Leverrier, Wurtz, Conservatoires de musique des départements.

M. Henri Dubois. — Congrès internationaux 1889.

M. Lagrange. — Prix de sculpture du Salon (Milon de Crotone), Annexion de Nice et de la Savoie, l'Opéra de Paris, l'Instruction obligatoire.

M. Levillain. — La Terre.

M. Patey. — Ballons dirigeables, Barrye, Centenaire du Conservatoire des arts et métiers.

Roty. — L'art appliqué à l'industrie, Gambetta, la Jeunesse française à Chevreul, Union franco-américaine, Enseignement secondaire des jeunes filles, Cinquantenaire de l'École d'Athènes, Funérailles de Carnot.

Vernon. — Centenaire de Valentin Haüy. La science moderne découvre l'antiquité.

SOCIÉTÉS

SOCIÉTÉ FRANÇAISE DE NUMISMATIQUE

Dans le compte rendu que donnait le *Bulletin*, 7e livr., p. 73, de la séance du 9 mai 1903, il était dit : « Le président lit une lettre du docteur Eddé, d'Alexandrie, relative à la mention de médaillons faux faite p. XXXIV des procès-verbaux de la Société pour 1902. M. Blanchet fait d'abord remarquer que le nom de M. le docteur Eddé ne figure pas dans cette mention. C'est donc à titre purement gracieux que la Société fera mention de la lettre où le docteur affirme l'authenticité des médaillons dont il est possesseur. »

M. le docteur Eddé, trouvant que le texte de cette information, qui, du reste, a paru dans plusieurs autres journaux, lui était préjudiciable, nous écrit que M. Blanchet, s'étant aperçu de l'erreur commise lors de la séance du 9 mai, lui avait adressé la rectification suivante qu'il nous prie de reproduire :

« *9 mai*. — M. Blanchet, revenant sur la question des médaillons d'or provenant d'Égypte, dit que plusieurs savants français et étrangers ont admis l'authenticité de ces pièces » (*Bulletin international de Numismatique*, 1903, tome II, nº 3).

C'est avec le plus grand empressement que nous donnons satisfaction à M. le docteur Eddé, et d'autant plus volontiers que le texte de notre première information n'émanait pas de nous; s'il y a eu une erreur commise, involontairement, bien entendu, elle nous est tout à fait étrangère.

Vve R. S.

Séance du 7 novembre.

La Société de Numismatique a tenu sa séance de rentrée le 7 novembre, sous la présidence de M. A. Blanchet. Le président a annoncé que la Société avait fait remettre une adresse à S. M. le roi d'Italie, son président d'honneur, et a lu la réponse transmise par le ministre de la maison du roi.

M. Caron présente l'empreinte d'un denier de Louis Ier, évêque de Viviers, qui inaugure le nouveau monnayage épiscopal.

Le colonel Allotte de la Fuye présente un jeton très énigmatique de Jacques d'Escoubleau, abbé de Mauléon.

M. Bordeaux signale que les petits tournois noirs à la clef, dont il avait entretenu la Société, figurent dans des documents analysés par M. Max Verly.

M. Blanchet communique, de la part de M. Siset, les moulages de deux triens mérovingiens du cabinet royal de Stuttgard, découverts dans des tombes.

Le comte de Castellane propose une rectification au classement des florins d'Avignon.

Séance du 9 janvier 1904.

MM. Soullard et Émile Bonnet ont été admis comme membres correspondants. M. Caron, ou à son défaut le comte de Castellane, représenteront la Société au centenaire de la Société Nationale des Antiquaires de France. M. Caron lit, au nom de M. Soullard, une note sur un gros tournois de Charles de Blois, duc de Bretagne. Le comte de Castellane étudie le monnayage des évêchés de Valence et de Die, et montre qu'il a commencé beaucoup plus tôt qu'on ne le croyait. M. Adrien Blanchet parle de diverses monnaies gauloises et des prototypes grecs et romains, dont elles sont dérivées.

COLLÈGE DE FRANCE

Le mardi 15 décembre, a eu lieu au Collège de France, la réouverture du cours de *Numismatique et glyptique*, professé par M. Babelon. Ce cours aura lieu tous les mardis, à cinq heures. Le professeur traitera, cette année, des monnaies d'Athènes et du Péloponèse.

SOCIÉTÉ NUMISMATIQUE DE LONDRES

Assemblée annuelle de 1903. — Le Président, Sir John Evans, fait l'éloge des membres de la Société décédés pendant l'année, et expose l'ensemble des travaux auxquels la Société s'est livrée depuis le dernier congrès. La médaille d'argent de la Société est décernée à M. Gustave Schlumberger, membre de l'Institut de France, en récompense de ses travaux spéciaux sur le monnayage de l'Orient latin.

La Société procède au renouvellement de son Conseil. Sont élus: président: Sir John Evans; vice-présidents: Sir Henry H. Howorth et Sir Augustus Prévost; trésorier: M. W.-C. Boyd; secrétaires: M. H. A. Grueber et prof. E. J. Rapson; bibliothécaire, Dr Codrington.

LA SOCIÉTÉ BRITANNIQUE DE NUMISMATIQUE

The British Numismatic Society qui vient de se fonder à Londres, a pris pour tâche l'encouragement de l'étude de la numismatique anglaise à travers les âges, depuis ses plus lointaines origines jusqu'à nos jours; la nouvelle Société ne s'occupera que de monnaies et médailles exclusivement anglaises, ou, pour employer un terme plus exact, « de la race de langue anglaise ». Le siège social est Londres, mais les réunions pourront avoir lieu occasionnellement dans d'autres villes du Royaume. La Société consignera ses travaux dans une revue annuelle qui a pris le nom de *British numismatic Journal.*

Nous souhaitons bienvenue et prospérité à la *British numismatic Society.*

TROUVAILLES

Une découverte intéressante a été faite au printemps dernier à Andernos, station du bassin d'Arcachon. On a mis à jour les substructions d'une basilique des premiers siècles qui a servi de nécropole jusqu'au XVIe siècle. D'après la note qui nous est transmise, elle contenait des tombeaux de toute nature; cadavres inhumés assis, suivant la coutume des Boiens continuée par les Basques notamment. La coutume de mettre une pièce de monnaie dans la bouche du mort s'est perpétuée dans cette nécropole depuis l'époque romaine. Beaucoup de ces monnaies sont des pièces seigneuriales, et, à l'époque de Henri IV, les pièces du pape Clément VIII se retrouvent à côté des monnaies du roi schismatique.

Espérons qu'une étude plus approfondie sera faite de cette découverte, et en attendant, signalons à nos lecteurs un article de M. Adrien Blanchet paru sous le titre de l'obole du mort dans le recueil *La Mélusine,* publié par M. Gaydoz (année 1900, mois d'octobre).

Découverte d'un trésor. — A Felines (Ardèche), des paysans, occupés à extraire des pierres dans une carrière, ont mis à découvert un pot de terre rempli de pièces d'argent aux effigies de Louis XV et Louis XVI. Ce trésor, qui représente une assez forte valeur, se compose de pièces de 15 sous, de 20 sous et d'écus de 3 francs.

Le Journal.

58 kilogrammes de monnaie d'argent. — Des ouvriers occupés à soulever une dalle énorme dans un vieil immeuble sis à Audierne et appartenant à M. le docteur Pitou, ancien médecin de la marine à Brest, ont mis au jour un véritable trésor.

Ce trésor consiste en pièces de monnaies d'argent dont le total forme un poids d'environ 58 kilogrammes.

Conformément à l'article 716 du Code civil, le trésor a été partagé, par parties égales, entre le propriétaire et les ouvriers qui l'avaient découvert.

Les pièces composant cette trouvaille sont presque toutes à l'effigie de Louis XIV, quelques-unes sont de Louis XIII et quelques lingots d'argent portent une empreinte encore indéterminée.

Les pièces de Louis XIV comprennent 900 écus de 6 francs; 1.800 écus de 3 francs et environ 350 pièces de 30 sols.

Le tout était enfermé dans un sac de cuir rongé par le temps.

Les pièces de monnaie sont dans un état parfait de conservation.

Cette collection présente un réel intérêt au point de vue technique et iconographique.

Ces pièces marquent, en effet, l'époque où Louis XIV prescrivit d'abandonner la fabrication de monnaies au moyen du marteau et de remplacer ce procédé par celui du laminoir et du balancier.

Au point de vue iconographique, ces monnaies sont très curieuses en ce sens qu'elles représentent Louis XIV à chaque phase de son règne.

Les plus anciennes, celles de 1643, représentent le roi enfant; celles de 1655 montrent le roi devenu majeur; celles de 1660 lui donnent un visage d'adulte avec la chevelure largement éparpillée sur les épaules robustes.

En 1679, apogée de la puissance royale, les pièces sont de deux frappes différentes celle de Rennes et celle de Paris.

En 1683, le Soleil remplace sur l'effigie la palme royale.

Enfin les dernières pièces de cette collection très rare sans doute portent le millésime de 1709, soit six ans avant la fin du règne de Louis XIV.

En 1709, en raison de la famine terrible qui sévissait alors, ordre royal fut donné aux riches d'envoyer leur argenterie à la Monnaie pour y être fondue. Le roi donna l'exemple; mais certains seigneurs de province cachèrent leur fortune. C'est à ce fait qu'on attribue l'enfouissement du trésor qui vient d'être découvert à Audierne, cent quatre-vingt-seize années plus tard.

Le Petit Parisien.

NÉCROLOGIE

Au moment de mettre sous presse, nous apprenons la mort de M. E. Drouin, un de nos plus anciens collaborateurs. Nous reviendrons sur ce triste événement dans notre prochaine livraison.

Recueil d'emblèmes, devises, médailles et figures hiéroglyphiques, par le Sieur Verrier, maître-graveur, à Paris M.DCC.XXIV avec privilège du Roi (*Suite*).

Verum fœdus. Véritable alliance. — Un luth sur un livre de musique.

Vigilandum. Il faut veiller. — Un lapin sur le bord de son trou.

Vivitur ingenio. L'adresse fait vivre. — Un tronc d'arbre avec une greffe dessus.

Virtute solvitur. La vertu le dénoue. — Un entrelacs ou nœud de corde.

Vim ex vi. A force de frotter, le feu en sort.

Virtutis in oculis pars. Une partie de sa force est dans ses yeux. — Un lion regardant de front.

Venus improba. L'amour nous tue. — Deux vipères ayant la tête l'une dans l'autre.

Vix Hercules. Hercule me vaincrait avec peine. — Un hydre.

Va illi quem teligerit. Malheur à celui qui en sera touché. — Une bombe qui crève.

Vino prudentiam augeri. C'est dans le vin que la prudence se fait voir. — Une pallas armée, et un bacchus avec sa tasse.

Vires agminis unus habet. Il est lui seul une armée entière. — Un porc-épic.

Ventis immota superbit. Il est tout fier de résister aux vents. — Un chêne.

Virescit vulnera virtus. La vertu se renouvelle par la peine. — Un hercule blessé d'une flèche.

Violentior exit. Ceux qui ont de la force s'en sauvent. — Une toile d'araignée, avec un frelon qui en sort, et de petites mouches qui y restent.

Vincit solertia vires. L'adresse surpasse la force. — Un écureuil traversant une rivière sur une petite planche, et ayant la queue haute.

Virtus durissima coquit. La vertu digère ce qui est le plus fâcheux. — Une autruche qui avale un fer de cheval.

Vota sequuntur euntem. Mes désirs le suivent dans sa course. — L'héliotrope et un soleil au-dessus.

Virtus meliora ministrat. La vertu donne les meilleures de toutes les armes. — Un corps de cuirasse.

Vetustate relictâ. Je serai plus beau, laissant ma vieille peau. — Un serpent quittant sa peau entre deux pierres.

Virtuti et honori. Il n'est dédié qu'à la vertu et à l'honneur. — Un temple.

Veræ notitia fidei. C'est l'épreuve de la fidélité. — Une pièce de monnaie.

Vera latent. C'est pour me déguiser. — Un masque.

Va et viene. Ils vont et viennent. — Un puits avec deux seaux pour puiser l'eau, attachés à une poulie.

Virtuti solum. Elle n'est propre qu'à la vertu. — Une peau de lion.

Vincior ut vici. Je suis lié, comme j'ai lié. — Un faucon sur la perche.

Vel sibi, vel aliis. Il brûlera lui-même, ou en brûlera d'autres. — Un feu dans un arbre.

Vincet ab alto. Tant plus elle sera élevée, et plus elle aura de la force pour abattre — Une hie ou demoiselle dont se servent les paveurs.

Vitaque cum gemitu. Je meurs en soupirant. — Un cigne dans une rivière.

Vindicat artes. Il venge les beaux-arts. — Apollon qui ayant vaincu Marsias à chanter, l'écorche.

Violati numinis ultor. Il venge sa divinité offensée. — La nymphe Coronis percée d'une flèche, et le soleil au-dessus.

Vel lumine, vel robore serve. Ou j'éblouirai, ou je résisterai. — Un diamant dans un écusson.

Vivo equidem. Je vis, il est vrai, mais je vis dans les larmes. — Une rose avec sa branche dans un vase plein d'eau.

Vivendo vici mea fata. En vivant j'ai surmonté ma destinée. — Un lierre rampant le long d'un arbre abattu et mort.

Veteris vestigia flammæ. Ce sont les marques de mon ancien amour. — Un mont gibel jettant une grosse fumée mêlée de flammes.

Vera fides et verus amor. Voilà l'effet de la véritable fidélité et du parfait amour.

Vigor ille juventa est. Son brillant vient de ma jeunesse. — Une perle dans sa nacre.

Vigilant urget opus. Elle travaille toujours. — Une abeille.

Vertit et æquat. Elle remue, mais elle est égale. — Une herse.

TABLE DES MATIÈRES

Pages.

BIBLIOGRAPHIE

REVUES DES REVUES

Gesellschaft in Wien, 9, 41, 73, 85, 101. — Frankfürter Munzzeitung, 8, 40, 63, 85, 101. — Blätter für Münzfreunde, 9, 41, 63, 86, 102. — Numismatic Circular, 10, 42, 64, 86, 103. — The Numismatist, 42, 65, 86, 103. — O Archeologo português, 9, 42, 6 , 86, 102. — Bolletino di Numismatica, 43, 65, 87, 103. — Numismatikaï Közlön ., 43. — Le Musée, 104.

CHRONIQUE

Lectures diverses, trouvailles, ventes, médailles nouvelles, Académies et Sociétés, nécrologie, 13 à 20, 46 à 52, 67 à 76, 87 à 92, 105 à 110.

CORRESPONDANCE NUMISMATIQUE

Parisis, p. 93.

Le Gérant : Constant BOURDONNAIS.

MACON, PROTAT FRÈRES, IMPRIMEURS

Janvier-Février-Mars 1903.   10ᵉ Volume.   1ʳᵉ et 2ᵉ Livraisons.

BULLETIN

DE

NUMISMATIQUE

RÉDACTION ET EXPÉDITION

Mᴹᴱ RAYMOND SERRURE

19, RUE DES PETITS-CHAMPS, 19

PARIS

Le *Bulletin de numismatique*, fondé en 1881 par M. Raymond Serrure, parait huit fois par an, en fascicules d'au moins 16 pages illustrés de figures dans le texte.

Le *Bulletin de numismatique* reçoit et insère toutes les études notices, communications, qui peuvent offrir un intérêt pour la numismatique antique, française et étrangère, et remercie d'avance ses correspondants.

Chaque livraison comprend un ou plusieurs articles de numismatique, un bulletin bibliographique et une chronique du mouvement numismatique, ventes, trouvailles, musées, nécrologie, etc. Un catalogue de monnaies, jetons, médailles ou livres à vendre aux prix marqués.

Le prix de l'abonnement est de 5 francs par an pour tous les pays de l'Union postale.

Les frais d'encaissement par la poste (0 fr. 50) sont à la charge des abonnés.

Avril.-Mai 1903 10e Volume. 3e et 4e Livraisons.

BULLETIN

DE

NUMISMATIQUE

RÉDACTION ET EXPÉDITION

Mᵐᵉ RAYMOND SERRURE

19, RUE DES PETITS-CHAMPS, 19

PARIS

Le *Bulletin de numismatique*, fondé en 1881 par M. Raymon
Serrure, paraît huit fois par an, en fascicules d'au moins 16 page
illustrés de figures dans le texte.

———

Le *Bulletin de numismatique* reçoit et insère toutes les étude
notices, communications, qui peuvent offrir un intérêt pour la numi
matique antique, française et étrangère, et remercie d'avance ses co
respondants.

Chaque livraison comprend un ou plusieurs articles de numism
tique, un bulletin bibliographique et une chronique du mouveme
numismatique, ventes, trouvailles, musées, nécrologie, etc. U
catalogue de monnaies, jetons, médailles ou livres à vendre aux pr
marqués.

Le prix de l'abonnement est de 5 francs par an pour tous les pa
de l'Union postale.

Les frais d'encaissement par la poste (o fr. 50) sont à la charge d
abonnés.

Juin-Juillet-Aout 1903   10ᵉ Volume.   5ᵉ et 6ᵉ Livraisons.

BULLETIN

DE

NUMISMATIQUE

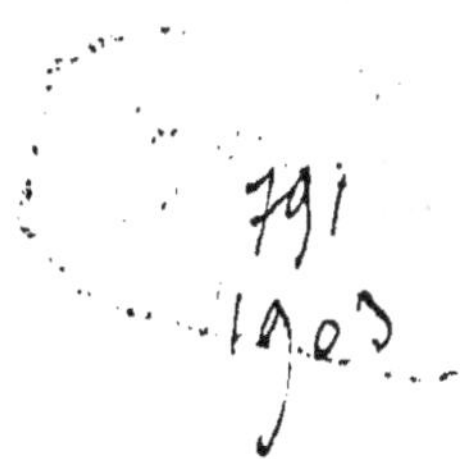

RÉDACTION ET EXPÉDITION

Mᴹᴱ RAYMOND SERRURE

19, RUE DES PETITS-CHAMPS, 19

PARIS

Le *Bulletin de numismatique*, fondé en 1881 par M. Raymond Serrure, paraît huit fois par an, en fascicules d'au moins 16 pages, illustrés de figures dans le texte.

———

Le *Bulletin de numismatique* reçoit et insère toutes les études, notices, communications, qui peuvent offrir un intérêt pour la numismatique antique, française et étrangère, et remercie d'avance ses correspondants.

Chaque livraison comprend un ou plusieurs articles de numismatique, un bulletin bibliographique et une chronique du mouvement numismatique, ventes, trouvailles, musées, nécrologie, etc. Un catalogue de monnaies, jetons, médailles ou livres à vendre aux prix marqués.

Le prix de l'abonnement est de 5 francs par an pour tous les pays de l'Union postale.

Les frais d'encaissement par la poste (o fr. 50) sont à la charge des abonnés.

ARTHUR ENGEL & RAYMOND SERRURE

TRAITÉ DE NUMISMATIQUE
DU MOYEN AGE

TOME PREMIER : *Depuis la chute de l'Empire romain d'Occident jusqu'à la fin de l'époque carolingienne.*
645 illustrations dans le texte.

TOME DEUXIÈME : *Depuis l'avènement des Capétiens en France, et de la maison de Saxe en Allemagne, jusqu'à l'apparition du gros d'argent.*

PRIX DE CHAQUE VOLUME : **15** FRANCS

TRAITÉ DE NUMISMATIQUE
MODERNE ET CONTEMPORAINE

PREMIÈRE PARTIE : ÉPOQUE MODERNE
Prix : 20 francs.

DEUXIÈME PARTIE : ÉPOQUE CONTEMPORAINE
Prix : 10 francs.

NUMISMATIQUE FRANÇAISE

CATALOGUE-GUIDE ILLUSTRÉ DE L'AMATEUR
Publié par la maison RAYMOND SERRURE

PREMIÈRE PARTIE : *Gauloises, Mérovingiennes, Carolingiennes, Capétiennes et modernes, jusqu'en 1815* (2e édition).

DEUXIÈME PARTIE : *Monnaies féodales et provinciales de France et de l'Orient latin.*

PRIX : TROIS FRANCS chaque partie (port en sus).

PLANCHENAULT (Adrien). **Les Jetons angevins.** Un vol. in-4°, 115 pages, 6 planches et gravures.............................. 6 fr.
Comte CH. DE BEAUMONT. **Les Jetons tourangeaux.** Un vol. in-4°, 97 pages, 5 planches et gravures.............................. 7 fr.

Mme RAYMOND SERRURE

ACHAT ET VENTE

d'Antiquités et Monnaies anciennes

EXPERTISES — DIRECTION DE VENTES PUBLIQUES
RÉDACTION DE CATALOGUES

LIBRAIRIE NUMISMATIQUE

19, RUE DES PETITS-CHAMPS, 19

PARIS

VIENT DE PARAITRE :

Dr FLORANCE. — Tableaux synoptiques des Ethniques des Villes et Peuples grecs. Un vol. in-8°, 105 pages.   5 fr.

— Séries impériales grecques et coloniales. Un vol. in-8°, 193 pages . . . .   6 fr. 50

A. EVRARD DE FAYOLLE. — Recherches sur Bertrand Andrieu, de Bordeaux, graveur en médailles (1761-1822), sa vie, son œuvre. Un vol. in-4°, 237 pages, 5 planches . .   12 fr.

MACON, PROTAT FRÈRES, IMPRIMEURS.

SEPTEMBRE-OCTOBRE 1903   10e VOLUME.   7e LIVRAISON.

BULLETIN

DE

NUMISMATIQUE

RÉDACTION ET EXPÉDITION

Mme RAYMOND SERRURE

19, RUE DES PETITS-CHAMPS, 19

PARIS

Le *Bulletin de numismatique*, fondé en 1881 par M. Raymond
Serrure, paraît huit fois par an, en fascicules d'au moins 16 pages,
illustrés de figures dans le texte.

Le *Bulletin de numismatique* reçoit et insère toutes les études,
notices, communications, qui peuvent offrir un intérêt pour la numismatique antique, française et étrangère, et remercie d'avance ses correspondants.

Chaque livraison comprend un ou plusieurs articles de numismatique, un bulletin bibliographique et une chronique du mouvement
numismatique, ventes, trouvailles, musées, nécrologie, etc. Un
catalogue de monnaies, jetons, médailles ou livres à vendre aux prix
marqués.

Le prix de l'abonnement est de 5 francs par an pour tous les pays
de l'Union postale.

Les frais d'encaissement par la poste (o fr. 50) sont à la charge des
abonnés.

BULLETIN

DE

NUMISMATIQUE

RÉDACTION ET EXPÉDITION

Mme RAYMOND SERRURE

19, RUE DES PETITS-CHAMPS, 19

PARIS

Le *Bulletin de numismatique*, fondé en 1881 par M. Raymond Serrure, paraît huit fois par an, en fascicules d'au moins 16 pages, illustrés de figures dans le texte.

Le *Bulletin de numismatique* reçoit et insère toutes les études, notices, communications, qui peuvent offrir un intérêt pour la numismatique antique, française et étrangère, et remercie d'avance ses correspondants.

Chaque livraison comprend un ou plusieurs articles de numismatique, un bulletin bibliographique et une chronique du mouvement numismatique, ventes, trouvailles, musées, nécrologie, etc. Un catalogue de monnaies, jetons, médailles ou livres à vendre aux prix marqués.

Le prix de l'abonnement est de 5 francs par an pour tous les pays de l'Union postale.

Les frais d'encaissement par la poste (o fr. 50) sont à la charge des abonnés.